長野久義

メッセージBOOK

—信じる力—

長野久義著

廣済堂出版

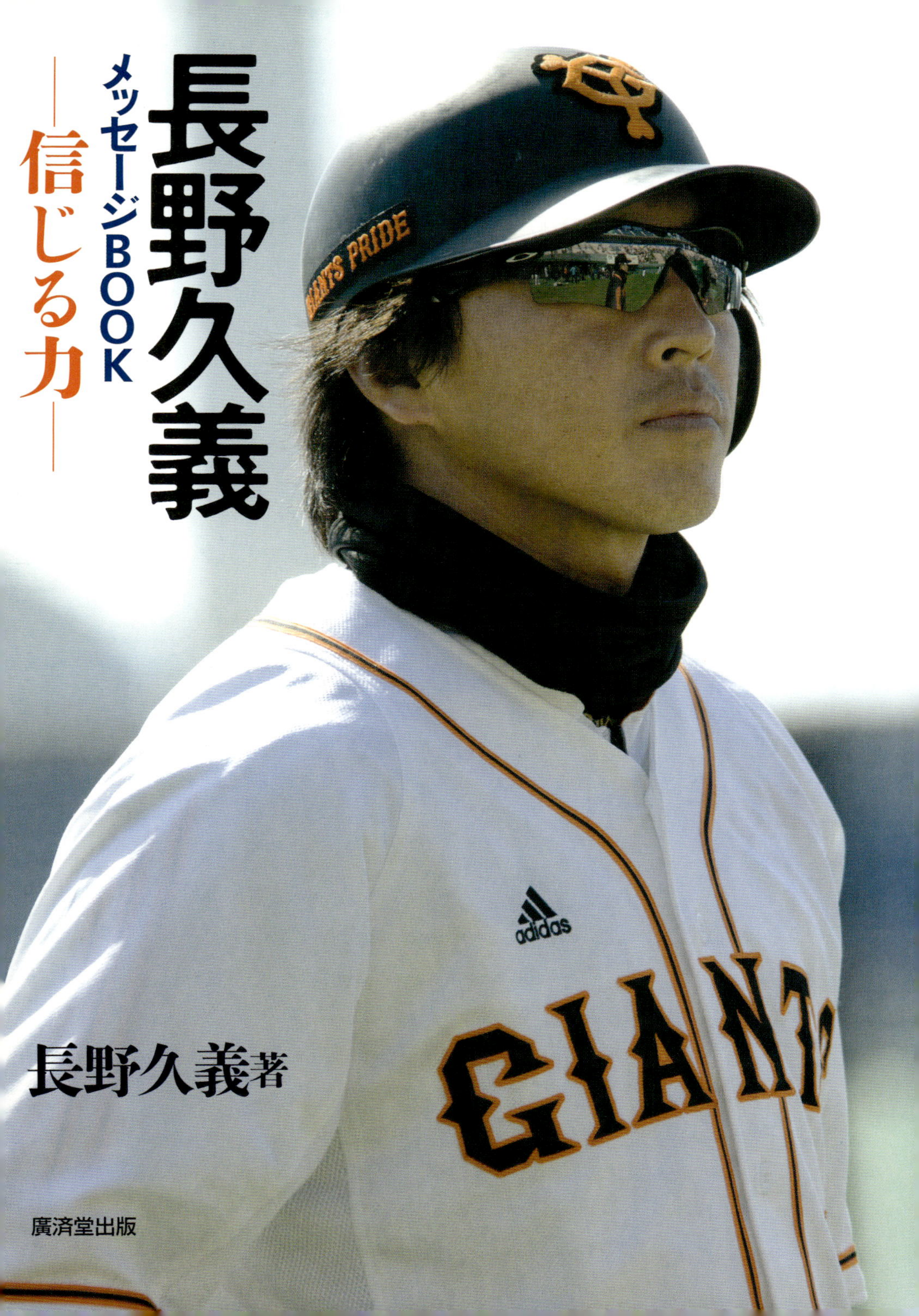

adidas
7

YOMIURI
MIZUNO
7

adidas
GIANTS
7

7

7

GIANTS

7

GIANTS
7

HISAYOSHI CHONO MESSAGE BOOK

長野久義

メッセージBOOK

—信じる力—

まえがき

昔からこうと決めたら、曲げられない性格でした。

もちろん、いつでもスパッと決断してきたわけではなく、葛藤を強いられたこともありました。

でも、最後は自分自身が決めた道を信じきって、あとは後ろを振り返らずに突き進んできました。

別の選択をしていたらどうなっていたかなんて誰にもわかりませんから、自分が正しかったのか、間違っていたのかどうかもわかりません。

それでも今、歩いている道が僕にとって最良で、苦悩しながらも自分を貫くたびに強くなれたんだと思います。

6歳から始まった野球人生はちょうど20年が経過しました。

野球選手としてはまだ折り返し地点くらいでしょうし、その後も野球界に携わっていくことになれば、先はまだまだ長いでしょう。

ですが、2011年シーズンに首位打者のタイトルを獲得して周囲の方々に少し認めていただいたこと、そして自分でもこれまでの波乱万丈な道のりを1度振り返ってみたいと考え、初めて著書を出させていただくことになりました。

著書なんて、まだ早いと言われるかもしれません。

でも、岐路に立たされたときに、僕が何を考え、何を信じて今まで進んできたのか。また、みなさんが知らない僕の半生や素顔をファンの方に少しでも知っていただければうれしいですし、みずからが自分自身と向き合うためにも、真実と本心をつづりたいと思います。

長野久義

目次

Contents

第6章 求道

第1章 ジャイアンツ

ジャイアンツじゃなければダメなの？

２００９年10月29日。

僕にとっては３度目となるプロ野球ドラフト会議が開催されました。

「第一巡選択希望選手。読売。長野久義。外野手。ホンダ」

この言葉を聞いたとき、喜び以上に安堵《あんど》する自分がいました。

読売ジャイアンツは12球団で最後に指名選手が読み上げられたのですが、それ以前に僕の名前が出ることはありませんでした。僕を１位指名してくれたのはジャイアンツだけ。事実上、僕の読売ジャイアンツ入団が決まった瞬間でした。

その日のうちに原辰徳監督がホンダの合宿所に足を運んでくださって、

「やっと会えたね」

と声をかけていただいたことははっきりと記憶しています。

胸にグッとくるものがありました。

でも、あとはどんな話をしたか覚えていません。会談中もずっと汗が止まりませんでした。そのくらい緊張していました。

子どものときからテレビで見ていた憧れの方で、しかも目力がすごい。吸い込まれそうになるとは、こういうことだと思います。

食堂に移動して原監督が持参してきてくれた背番号7のユニフォームを直接、着させていただいたときは、もう心臓がバクバクで、緊張もピークに達していました。

原監督が帰られたあと、余韻に浸る間もなく、うれしいという気持ちはすぐに「やらなければいけない」という思いへと変わりました。

背番号7は柴田勲さんや吉村禎章前コーチ、二岡智宏さん（現北海道日本ハムファイターズ）など歴代のすごい選手がつけていましたから、その重みもさることながら、やはり周囲からは2回ドラフト指名をことわっている選手という目で見られることを覚悟していたからかもしれません。

「どうしてもジャイアンツじゃなければダメなの？」
「そこまでジャイアンツにこだわっているの？」

06年に続き、08年のドラフトでも指名していただきながら入団を辞退したことで、いろいろな方から理由をよく聞かれました。長野はジャイアンツへのこだわりがよほど強いんだろうな。僕にそういうイメージをいだいている方も多いのではないでしょうか。

しかし、みなさんが考えているほどジャイアンツに強く固執していたわけではありませんでした。

実際、06年のドラフトで北海道日本ハムから指名を受けたときは光栄なことだと感じましたし、4位という指名順位も僕はまったく気になりませんでした。そもそも大学4年生になってようやく結果が出せるようになったものの、それまではプロが注目するような成績は残していませんでしたから、僕なんかを指名していただいて本当にありがたいことだなと感謝の気持ちでいっぱいでした。

地元ファンと一体となっている素晴らしい球団という印象をいだいていましたし、いったんは入団しようと気持ちが傾きました。

でも、心には1つのしこりができていました。僕が活躍する前から高く評価してくれて、ずっと見続けてくれていた球団があったからです。

それがジャイアンツでした。

学生ですから球団関係者と接することはできませんが、報道も含めて周囲からそういうことは伝わってきていました。それはプロ野球を目指してプレーしていた僕にとって大きな励みでした。


ジャイアンツは子どものころからファンだった球団でもあります。

僕が生まれ育った佐賀県ではテレビの野球中継はジャイアンツ戦しか放送していませんでしたし、画面の中で躍動する原監督や篠塚和典さん（元打撃コーチ）がとにかく格好良かった。本当によく見ていました。

とくに覚えているのは1993年に石川県立野球場で開催されたヤクルトスワロ

ーズ戦。

9回裏2死までにヤクルト先発の伊藤智仁さん（現東京ヤクルト投手コーチ）がセ・リーグタイ記録となる16個もの三振を奪っていた試合です。スコアは0対0。そんな状況で登場したのが篠塚さんでした。そして初球のストレートをライトスタンドへサヨナラ本塁打。すごすぎて鳥肌が立ちました。

原監督が現役最後の試合を有終の美で飾るホームラン。槙原寛己さんが94年に達成した完全試合も印象的でした。落合博満さんが一塁で最後のフライをキャッチするシーンは今も頭の中で思い描くことができます。

広島東洋カープの野村謙二郎さん（現監督）や常勝軍団の西武ライオンズ（現埼玉西武）も好きでしたが、ジャイアンツにはほかにはない華があり、目を輝かせながら応援していました。

小学5年生のときに学校で「15年後のぼく、わたし」という、将来の夢について書く機会がありました。正直、そのときのことはもう記憶にないのですが、実家に残っている、その作文用紙にはこう書かれています。

〈ぼくはジャイアンツにドラフト1位で指名されました。すぐに一軍の試合に出ています。今、阪神と戦っている。9回裏、ジャイアンツの攻撃。バッター4番長野。ランナー一、二塁、一打サヨナラのチャンス。打った！　逆転ホームラン――〉

小学5年生のときから15年後――。それは2010年。奇しくもジャイアンツ1年目のシーズンにあたる年です。

ドラフト1位、すぐに1軍の試合に出ている。なんだか予言めいていて自分でも驚いてしまいます。もちろん1年目は4番で出たことはないですし、サヨナラホームランも打っていませんが、7月13日の甲子園での阪神タイガース戦では4対4で迎えた延長12回表に、ランナー1、2塁で決勝3ラン。今、考えると偶然とはいえ不思議ですよね。

そんな憧れのジャイアンツが、ほかのどの球団よりも自分のことを気にかけてくれていた。

そのことを改めて考えたとき、自分の中でジャイアンツに行くのがいちばんいいのではないか、という気持ちが徐々に強くなっていきました。

夢のプロ野球の世界に入るチャンスですし、入れるのなら早く挑戦したい。そうした思いもあって北海道日本ハムにお世話になろうと心は揺れましたが、自分を見い出してくれたジャイアンツに入団して活躍したいという気持ちが日に日に膨らんでいきました。プレッシャーのかかる球団ですが、そういう環境に身を置くことは自分にとってプラスになるのではないか、レベルの高い選手に囲まれることでさらに成長もできるのではないか。縁があるのならジャイアンツでプレーしたい。そのために北海道日本ハムにおことわりを入れ、社会人野球に進もう。

悩んだ末にたどり着いた答えを信じることにしました。

筋が通らない

08年の2度目のドラフトもスンナリと決断できたわけではありませんでした。

千葉ロッテマリーンズには2位という高い評価で指名していただいて感謝の気持

ちが大きかったですし、入団に気持ちが傾いたこともありました。両親からも1度目のときと同じく「行ったほうがいいんじゃないの」と言われ、毎日、葛藤を重ねていました。

いつケガをするかもわからない。翌年以降にどこかが指名してくれる保証もない。親はそういう思いが強かったと思います。それでも「最終的には自分で決めなさい」と言ってもらいました。

ドラフト後に開催された日本選手権が終わったあと、ホンダの安藤強監督から「大自然の中で考えてこい」と言われ、熊本県の南阿蘇村に1人で出かけました。喧騒から解放された空間で熟考し、結論を出しました。

2年前にジャイアンツに恩返しがしたいという理由で北海道日本ハムの指名をおことわりしていましたし、こうしたことから目をそむけて自分のことだけを考えて決めることは、僕の信念に反することでした。

先述したように1年でも早くプロに行きたい気持ちはありましたが、そこで千葉ロッテに入ってしまっては筋が通らない。それが決め手でした。

確かに迷いに迷いました。ですが、仮にそこで夢の舞台に上がったとしても、どこかで負い目を感じて自分らしく明るく前向きに野球を楽しむことができなかったと思います。

両親が心配したようにホンダに残ってケガをしたり、全然、成長できずに翌年以降のドラフトで指名されなかったとしても、それが僕の生きる道なんだ。そうなったらそうなったで仕方がないじゃないか。リスクを背負うことになってもジャイアンツに行く理由が僕にはある。それをないがしろにしてしまっては、それまでの自分を否定することにもなる。

交渉の中で千葉ロッテの誠意を感じ、本当に申し訳ないという気持ちが多分にありましたが、覚悟を持って決断し、まだ果たせていなかった都市対抗野球優勝を翌年の最大の目標に定めました。

1年間、努力して、頂点に立って、そして、そのときを待とうと決めたんです。

楽になれたひと言

最初のドラフトから3年を経て入団したジャイアンツ。

外野手争いが厳しいことはわかっていましたが、実績のある先輩たちの中に少しでも食い込みたい。いろいろな見方をされても、勝負の世界ですから、とにかく野球の結果で示す以外にない。

そう心に誓って一歩目を踏み出しました。

球界の盟主とも呼ばれる球団ですから、初めのうちはどの球団よりも厳しいんだろうなと考えていました。でも、入ってみるとすごくやりやすい。もちろん規律はありますし、どこよりも注目される大変さはありますが、チーム全体で選手がプレーしやすい環境を作っているんです。

マスコミの方などには1年目とは思えないほど堂々としていると言ってもらいましたが、ルーキーなので緊張しっぱなし。でも、先輩方がどんどん声をかけてくれる。最初に阿部慎之助さんに「大学、社会人を経験しているんだから、自分の好きなようにやっていいぞ」と言っていただいたんですが、その言葉ですごく楽になれました。

原監督にもキャンプが始まる前に「あんまり若くないんだから、ちょっとでもどこか痛いところがあったらすぐ言ってくるように」と気づかっていただきました。25歳で入ってきたとはいえ、いきなりおじさん扱いでした……（笑）。

そうやってみなさんが新しい選手がチームに入っていきやすい雰囲気にしてくれている。本当にいい先輩が多いうえに、谷佳知さんや、小笠原道大さん、高橋由伸さんら、ずっとテレビで見ていた錚々《そうそう》たるメンバーの中でプレーできて、毎日、楽しいですし、勉強になることばかり。今の環境はなんて恵まれているんだろうと、いつも感じています。

当然、野球の面でも刺激を受けています。

最初に阿部さんや、スンちゃん（李承燁《イ・スンヨプ》）、由伸さんのバッティング練習を見たときは正直、驚きました。打球が飛びますし、ミートの精度も高い。由伸さんは軽くポンと振っているように見えるんですが、打球はすごく飛ぶ。これがプロなのかと見せつけられました。

それにみなさん、技術も輝かしい実績も持っているのに、すごく練習する。そのことにも驚かされました。

プロのピッチャーの球も、コントロール、ボールのキレは、やっぱりすごいなと思わせるものでした。

ただ、社会人野球でも一線級のピッチャーはプロでも活躍できるレベルの人がいましたから、そこまでの驚きはありませんでした。今、福岡ソフトバンクホークスで投げている攝津《せっつ》正さん（当時・ＪＲ東日本東北）などとも日本代表の試合で一緒にプレーしましたが、やっぱりすごかったですからね。

社会人での3年間でいい経験をたくさんさせてもらったので、プロのレベルにもスムーズについていけたという部分はあります。仮に高卒や大卒でプロ入りしていたら、もっとレベルのギャップに戸惑っていたはずです。

ですから、プロに入るまでの道のりの紆余曲折《うよきょくせつ》は、決して遠回りではなかったと断言できます。

開幕一軍を勝ち取り、途中出場ながら開幕戦にも出していただきました。2戦目も途中から出て、プロ初打席はレフトフライでしたが2打席目にセンターへ初安打。3戦目には2番センターで初スタメン。12打席目の初アーチを放った出場7試合目以降はスタメンで起用していただき、自分でも思っていた以上のスタートが切れました。

即戦力で入ってきているわけですし、新人王を期待されていることもわかっていました。年齢を重ねた分、より完成に近い状態でプロに入らないといけないと自分に言い聞かせてホンダでもやってきました。

それでも新人王を過剰に意識することはありませんでした。山口鉄也さんとマツ（松本哲也）が球団として2年連続で獲得していたのは知っていましたが、まずは試合に出られるようになること。それが第一でした。ただ、ジャイアンツの外野手として試合に出続けることができれば自然と新人王が見えてくるのかなとは思っていました。外野の一角を確保するのはそれくらい難しいことだと覚悟していたんです。

だから、新人王にならないといけないというようなプレッシャーを感じている余裕はありませんでした。それが良かったんでしょうね。とにかく試合に出ることだけを考えていた結果、新人王がついてきたという感じでした。

打率2割8分8厘、ホームラン19本。入団前は守備と走塁はそれなりにやれる手応えを持っていたんですが、バッティングではそこまでの成績が残せるとは思っていませんでした。正直、自分でも少し驚きました。

でも今、振り返ってみると、もっとできたのかなと思うんです。打率もホームランも、もっとやれたんじゃないかなと。素晴らしい環境とはいえ、1年目は精神的な余裕が持てていなかったんですね。

でも、逆に言えばジャイアンツでなければ、その数字も難しかったでしょうし、新人王にもなれなかったかもしれません。

やっぱりジャイアンツに入団できて良かったと思います。

COLUMN 私が見た「長野久義」の素顔

阿部慎之助 主将・捕手

「次の野手のリーダーは長野にやってほしい」

ドラフト指名を2度ことわって入ってきた長野が、どうしても厳しい目で見られてしまうことはわかっていましたから、積極的に声をかけるようにはしました。

実際、指名をことわった球団のファンからは、試合中にブーイングもされていました。そこで助けられるのはチームメイトしかいないわけです。

本人もいろいろな感情を持ちながらジャイアンツに来たんでしょうから、そこは気をつかってあげたいと思いました。彼本来のプレーができなくなってしまう可能性もありましたからね。そんな中、1年目に新人王を獲る成績を残して、2年目は相手からマークされながらも首位打者。すごいですよ。すごく価値があるタイトルだと思います。

長野のバッティングを見ていて感じたのは、考えていなさそうで、考えているということ。天才肌っぽく見えるけど、よく考えていると思います。

初球、簡単にポンと見逃してみたりとか、相手を考えさせようというのが自分の中にあって、それを打席で実践できている。1打席ないしは1試合の中で俗にいう「餌《えさ》まき」ができているんじゃないかな。

また、ホームベースからあれだけ離れて立っていてよく打てるなと思い、1度「ベースに近づいたほうがいいんじゃない」と言ったこともあったんですけど、長野は「近づくのは怖いです」と言って変えることなく首位打者を獲ってみせた。野球に関しては自分のものをちゃんと持っていて、プロだなと思います。そういう部分を後輩に教えてあげてほしいなと思っていますし、自覚もあるのかな、すでにやってくれてもいます。

僕もあと何年できるかわからないですけど、次の野手のリーダーは長野がやってほしいと思っています。1年間、一緒にやればリーダーの適性があるかどうかはわかります。やっぱりある程度、気づかいができる人間じゃないとまわりを見られないわけですが、長野はそういうことができると感じました。そこまではいいよと思うほど、気配りができる人間ですね。

もちろんいきなりリーダーをやれと言っても無理ですから、少しずつそういう選手になってくれればいいんですけど。

あるとき、東京ドームの長野のロッカーがひどく散らかっていたことがあって、それは見過ごせませんでした。

長野がいないあいだに整理して、お灸《きゅう》を据える意味で勝手に裏方さんにジャージとかをあげてしまいました。自分ができていないところがあったら、人には言えないですからね。今シーズン、日大の先輩である村田（修一）が横浜から入ってきたので、ロッカーを隣にしてやろうかと思ったんですけど、今も隣は谷（佳知）さんなんですよ。それなのにあんなに汚くできる神経の太さがタイトルにつながったのかもしれませんね。

そうかといって、かわいいところもあるんです。そんなに緊張するタイプじゃないでしょうけど、僕がネクストバッターズサークルにいるときに打席から戻ってきて、「どうしたらいいですか」と聞いてきたりもする。「適当に打ってこいよ」って、言うんですけどね。

長野を見ていると、たまにいいなと思うんです。グラウンドでもいつもニコニコして楽しそうですし、いい意味でプロ野球を趣味でやっているように見える。僕らがたまにやる草野球をしているような感じ。それが彼のスタイルですから、そのままでいいと思います。

２０１１年シーズンは４番も打った。そのときもとくにアドバイスはしていません。「おまえがいちばん打っているんだから、当然だよ」って。ジャイアンツに入って3年目ですけど、もうチームを引っ張っていく存在になって然《しか》るべきです。

もしも本人にまだ、ほんの少しでも遠慮があるとしたら、それは取り除いて、「ジャイアンツは俺のチームなんだ」というくらいの気持ちでやってほしいですね。

OMIURI
7

第2章 選択

父親とのケンカ

実は中学校の3年間、僕は父親（久俊）と話をほとんどしませんでした。

「俺は硬式の『筑紫野ドリームズ』でやりたい」

「そんな必要はない。中学校の野球部でじゅうぶんだ」

中学校に上がるとき、どこで野球を続けるかについて父親と意見が対立したんです。口論になったわけではありませんが、お互い譲ろうとせず、僕は父親の承諾を得ることなく筑紫野ドリームズに入りました。

このころには自分の気持ちを貫き通すという「我」がすでに出ていたわけです。父親も頑固というか、自分の信念を強く持っている人なので、そんな状態が続いてしまいました。

小学生のときは「基山《きやま》バファローズ」という少年野球チームに入っていて、使用していたボールは当然、軟式でした。ですから中学生のうちから急いで硬式をやらなくてもいいというのが父親の考えでした。でも、僕はどうしても硬式でやりたかった。基山バファローズは家の近くのおじさんが監督をやっていた、どこにでもあるようなごくごく普通のチーム。特別に強かったからさらに上を目指すために硬式をやりたいとか、高校野球に備えてとか、頭の中で考えを巡らせて望んだということではありませんでした。

ただ、ドリームズの体験入部に参加してみたら、硬球を使ってやる野球がすごく面白かったんです。ボールは硬いだけじゃなくて重くて、投げるほうも打つほうも感覚が全然違う。打球は軟球と比べられないほど飛んでいく。それが楽しくて、怖さというのは感じませんでした。

ドリームズは福岡県のチームで、僕の家は佐賀県の基山町というところでしたが、基山町と筑紫野市は隣接しており、近所の先輩も入っていたように通えない距離でもありませんでしたから、絶対に行くんだと勝手に決め込んでいました。

しかし、いざ始めてみると練習の手伝いなど、親のサポートなしでは続けていくことは難しかったのですが、そこは僕の意見を尊重してくれた母親（博美）が協力してくれました。また、硬式はバットやグラブなどが軟式より値段がずっと高い。口はきいていませんでしたが、そこは父親もなにも言わずにお金を出してくれていました。そのときは素直に言えませんでしたが、感謝しています。

でも、ドリームズの練習はめちゃくちゃきつかった。もう、つらくてつらくて何度もどころか、毎日やめたいと考えていました。基本的には月曜日と水曜日が休みなんですが、みんな自主トレみたいな感じで球場に行って毎日練習していましたね。帰る時間もだいたい夜9時か9時半。いや、もうちょっと遅かったかな。

身長は幼稚園のときは大きいほうで後ろから数えたほうが早かったんですが、小学校、中学校では真ん中より少し前。体も細かったので、しばらくは練習もついていけなくてヘトヘトになっていました。よく「サボるな」と怒られていました。練習はこの中学生のときと高校のときがいちばんしんどく感じましたね。

自分でもよく続いたなと思います。母親にはやめたいと弱音をこぼしたこともありました。そのときはいつも「頑張りなさい」と励まされました。

でも、途中で投げ出さなかったいちばん大きな理由は、やっぱり父親とケンカしてまで選んだから、ということでした。父親とそういうことがなかったらやめていたんじゃないかなと思います。かたくなに自分の主張を押し通しておいてやめるなんて格好悪いですからね。くじけそうになっても、いつもそのことが頭に浮かんで、踏ん張ることができました。

2年生からやっと少しずつ試合に出られるようになって、レギュラーになれたのは3年生になってから。打順も8番か、9番でした。

プロ野球の世界に入ってくる選手は子どものころからずっとチームの中心選手で来ているような人がほとんどだと思いますが、僕は決して順風満帆ではありませんでした。クリーンアップを打つことなんてまったくなかったですし、ポジションはセカンドやサードだったんですが、その当時は肩や肘に痛みを抱えていたとはいえ守備でも目立つことはなかったと思います。僕よりうまい選手がたくさんいましたしね。

足も学校のクラスの中なら速いほうでしたけど、チームの試合に出ている選手の中ではいちばん遅かった。

僕はそんな感じでしたが、ドリームズは厳しい練習をしていたこともあって強かった。３年生のときには東日本硬式少年野球協会の第８回全国少年硬式野球・東京大会で優勝を成し遂げたんですよ。

所属していた九州硬式少年野球協会（フレッシュリーグ）もレベルが高くて、違う地区のチームでしたが、同級生には本多雄一（現福岡ソフトバンク）、吉村裕基（現横浜DeNAベイスターズ）、上園啓史（現東北楽天ゴールデンイーグルス）がいました。すごいですよね。彼らとはいつも試合で戦っていて、そのときから力はずば抜けていました。

吉村は高校から、本多は高校から社会人を経て、上園は大学からプロ入りと、僕も含めてプロになるまでにたどった道はそれぞれですが、彼らとは球場で顔を合わせれば、やっぱり話をしますね。上園とは大学生のときに日本代表として一緒に戦った仲間でもあります。彼らとはいつまでも刺激し合える存在でいられればいいなと思っています。

人の道に反するな

それにしても父親はとにかく厳しかったですね。なにかあれば、すぐにゲンコツを落とされていました。

箸《はし》の持ち方ひとつを取ってもそうですし、ご飯の食べ方もきちんとしつけられました。テレビを見ながらご飯を食べるなんて、まず許されませんでした。テレビを見るときも画面からこれだけ離れなさいとか、音の大きさだったりとか、すごく叱られました。

テレビゲームも買ってもらいましたが、全然遊んだ記憶がない。ゲームで遊んだものといえば、みんなのあいだで流行《はや》っていた「たまごっち」くらいでした。

本を読むときも目が近いとか、よく注意されましたね。そのときはうるさいなと思っていましたけど、おかげで視力はずっと悪くなりませんでした。

ジャイアンツでは5年前から新人選手を対象に視覚能力の測定を行っているんで

すが、40点満点で37点だった僕の測定結果は今もトップの得点だそうです。言うまでもなく、野球選手にとって目はとても大事ですから、今となっては厳しくしてもらって本当に良かったです。

もちろん父親は僕が将来、プロ野球選手になるなんて微塵《みじん》も考えていませんでしたから、先々の野球人生を見据えてやってくれていたとか、そんな格好いいエピソードではありませんが。

ほかにもいろいろなことでよく怒られたんですが、昔ながらの頑固親父の父親がとくに許さなかったのが、嘘をつくこと。

今でも覚えているのが、小学生のときに父親の逆鱗《げきりん》に触れてしまった「プールごまかし事件」。

今では考えられませんが、小さいころはすぐに風邪をひいてしまうような子どもだったので、少しでも体を強くするために保育園の年中のときくらいからスイミングスクールに通っていました。

でも、水が苦手で、最初のうちは顔に水がつくことすらいやで、ちょっとついただけでもずっと手で顔の水をはらっていたらしいです。

それでも週に1回、小学6年生まで8年間ほど続けてバタフライでもなんでも泳げるようにはなりましたが、自発的にやっていたわけではなかったので、行きたくないときもありました。

それで、何年生のときかは忘れましたが、プールに行ったふりをしてサボったことがありました。母親には「友だちと約束があるから休みたい」とお願いして、父親にも内緒にしてもらう了解を取って遊びに出ました。そして家に戻って、中に入る前に外の水道で髪の毛だけ濡らして何食わぬ顔で玄関を開けました。ところが、父親がすごい形相で待っていたんです。

どうして⁉と思ったんですが、スクールに休むことを伝えていなかったため、一緒に習っていた友だちが心配して家に電話をくれて、プールに行っていないことがバレていたんです。ヤバいと思ってワーッと走って逃げ出しましたが、父親もメチャクチャ怒っているので散々、追いかけまわされました。

人の道に反するようなことが大嫌いな人なので、僕がそういうことをしたときは大変でした。でも、そうした教えは頭に叩き込まれています。ドラフトのときもそうだったように、筋を通すということは信念として持っています。

厳格な父親に対して、母親はとても寛容でした。それでバランスが取れていたんでしょうね。どちらからもガミガミ言われていたら、道を踏み外してしまったかもしれません。もちろん怒られるのは僕が悪いんですけどね。

でも、どこの家もそうかもしれませんが、父親は妹にはすごく甘かった。妹とは2歳違いで性別も違うので、特別に仲が良かったということはなく、むしろ大人になってからのほうがよく話しています。僕がいろいろとお願い事をして助けてもらうケースばかりなんですけどね。でも子どものときは何をしてもいつも僕が怒られるという感じでした。怒られてもそれほど気にする性格ではないんですが、そういうときの拠《よ》りどころはやっぱり母親でした。

母親にはいつも支えてもらっていましたね。ドリームズのときも高校のときも、早朝から作ってもらったお弁当も含めた食事面や、真っ黒に汚れたユニフォームの洗濯など大変だったと思います。感謝の言葉しか出てきません。

おばあちゃんとキャッチボール⁉

洗濯と言えば、僕が通っていた小学校は公立校だったんですが、制服があったんです。学校から真っ直ぐ帰ることは滅多になくて、途中で寄り道をして虫とかを捕まえに行くなど、制服を毎日泥だらけにしていたそうです。帰る時間もいつも遅くて、暗くなるまで外で遊んでいることがほとんどという活発な子どもだったみたいです。

小学校時代の得意科目はやっぱり体育でしたし、かけっこも速かったと思います。ソフトボール投げとかも、けっこういい記録を残していましたね。

投げることは物心がついたころから好きだったみたいです。

丸いものを見ると、なんでも投げていたそうですから。みかんとか、りんごとかをおばあちゃんにエイッって。おばあちゃんが大好きで、基山バファローズに入るまではおばあちゃんがキャッチボール相手でした。おばあちゃんは何かスポーツをやっていたわけではなかったんですが、捕れないと僕がすぐに泣いたり、怒ったりするものだから、必ず構えたところに投げてくれていたらしいです。すごいですよね。おばあちゃんが相手じゃなかったら野球を好きにならなかったかもしれません。

野球を始めるきっかけというのは、いろいろとほかの選手の話を聞いてみると、父親が昔やっていたからとか、お兄ちゃんがやっていたからとか、そういう場合が多いようですね。でも、うちの父親は全然野球をやっていませんでしたし、兄弟は妹だけ。先に書いたように1年生のときに入った基山バファローズは近所の方が監督をやっていた地元チームですが、仲のいい友だちの影響を受けて始めたというようなこともありません。野球をやるのが当然という感じで自然と始めていました。もちろん家でプロ野球中継を見たりはしていましたが、あの選手みたいになりたいとか、そういう動機があったわけでもありません。

今振り返ると幼少からのおばあちゃんとのキャッチボールの延長線上に基山バファローズ入団があったんだと思います。おばあちゃんに野球の道を開いてもらった選手というのはあまりいないでしょうね。

基山バファローズではポジションはずっと内野をやっていました。たまにピッチャーがいなくなったときには投げましたが、セカンド、ショートが多かったですね。体も小さいほうであまり打てませんでしたが、監督から僕がピッチャーをやると守りがいなくなっちゃうと言われるくらい守備はチームの中ではうまかったですし、6年生のときには主将もやらせてもらいました。

残り30分での決断

野球や水泳以外にも両親が教育面に熱心だったため、英会話塾や学習塾に行ったり、家庭教師に習っていたりしたこともありました。

いやいやではありましたが、英会話の塾は小学5年生のときから中学を卒業するまで通っていました。週に1回、1時間くらい外国人の先生とゲームなどを通して英語で会話するという感じで、文法を習ったりするわけではなかったので中学の英語の授業はチンプンカンプンでしたが、耳が慣れているのか、英語を聞いているとなんとなくわかるんです。ラミちゃん（ラミレス・現横浜ＤｅＮＡ）ともスラスラ会話ができました。でも、ラミちゃん、日本語ができますからね（笑）。

それは冗談ですが、本当に球団の通訳さんと英語で話すこともあって「けっこう、うまいな」と褒められているんですよ。

大学、社会人時代に海外遠征に行かせてもらったときも英語に対するアレルギーを感じたりしなくて済みましたし、構えることなく積極的に向こうの選手とコミュニケーションがとれました。

今も外国人選手とはよく話をしています。慣れない日本に来て少しでもチームになじんでもらえればという部分もありますが、意思の疎通を図るのが楽しいんですよね。

２０１１年シーズンにいたライアルは恥ずかしがり屋で積極的にコミュニケーションをとるタイプではありませんでしたが、僕は彼とも親しくしていましたし、今季から加入したボウカーにも拙《つたな》い英語とジェスチャーを交えながら日本語を教えています。教え方が悪かったのか、ボウカーはノックのときだけでなく、ご飯をおかわりするときもなぜか「モウイッチョウ」と叫んでいますけど(笑)。

当時は面白いとは感じられませんでしたけど、今は英語で話をするのは楽しいですから、少しかもしれませんが、その塾に行ったことは無駄にはならなかったと思います。

その一方で完全に無意味だったのが学習塾。中学生になってから入ったのですが、授業を受けたのは3年間で2、3回くらい。プリントがあって、塾に行ってそれを引き出しから取って帰ってはいたんですが、席に座った回数はそのくらいでした。本当に月謝がもったいなかった。

大学生の家庭教師についてもらったのは中学3年生のとき。大の苦手だった数学をとにかくなんとかしようと教わっていました。それというのも、志望校の福岡の筑陽学園高等学校の入試は国語と英語が必須科目で、もう1つ数学か社会のどちらかを選択する形式だったからです。

受験では1つ面白いエピソードがあります。

いざ試験が始まって、国語と英語が終わり、最後は問題の数学。家庭教師の授業はちゃんと聞いていたものの、ほとんど理解できていませんでしたから苦戦は覚悟していたのですが、取りかかってみると案の定、全然わからない。

そこでどうしたか。試験時間は残り30分くらいになっていましたが、途中から社会の問題にシフトチェンジしたんです。選択科目は両方の試験用紙が配られていて、どちらを選んでやってもいいという形だったので手元には社会もありました。数学がさっぱりだったので、これでは合格できないと踏んで社会に切り替えました。

きっとなんとかなる。

そう信じました。我ながら大胆な決断だったと思います。でも、答え合わせをしてみると、けっこう点数が良かった。それで、見事合格です。

余談になりますが、その家庭教師の男性から最近、実家に電話がかかってきたんです。「巨人の長野選手は久義君ですよね。テレビで見ました」って。ようやく知ったらしいです。まさかプロ野球選手になるなんて想像できなかったんでしょうね。

COLUMN 私が見た「長野久義」の素顔

山口鉄也投手「落ち込む姿は見たことない。切り替えもうまいと思う」

ドラフト1位で入ってきましたから、最初は長野ってどれくらいすごいのかなと思って見ていましたけど、ミートがうまいし、足も速いし、肩も強い。走攻守3拍子そろったすごい選手だなと感じました。

実際、1年目からあれだけ活躍しましたし、2年目で首位打者を獲ったことで、改めてすごいなと思っています。

1人のピッチャーとして見た場合、長野は投げやすいんだけど、球が甘く入ってしまうバッターだと感じています。ホームベースからあれだけ離れているのでピッチャーとしては投げやすいはずなんですが、普通のバッターとは違う感覚で投げなくてはいけない部分もあるんです。

長野をインコースで攻めようと思って体の際どいところに投げるとボール球になってしまうし、普通のバッターのインコースに投げたら長野にとっては打ちやすい球になってしまう。かといってアウトコースを攻めればいいかというと、バットが届いて反対方向にうまく打ってくる。

また、ピッチャーはバッターのことを投げる際の1つの目標物としても見ているので、長野のように立たれると、いつもと違う感覚になって、ついコースが甘くなってしまうのかなという気もします。

しかも甘くなったら打たれるという雰囲気というか、オーラも出ている。やっぱり簡単には打ち取れないバッターだと思います。

それにハートが強い。2011年は4番も任されましたが、プレッシャーをまったく感じていないように見える。打てなくて怒ったり、落ち込んだりしているところも見たことがない。切り替えもうまいんだと思います。いつも楽しみながらやっている。

プライベートでも仲がいいんですけど、お酒を飲むともっと明るくなって、すごく陽気になりますね。それにしてもお酒は強い。飲んでも酔いつぶれたところは見たことがない。本当に強いですよ。

僕とか越智（大祐）が意地を張って、俺のほうが強いと言っていますけど、長野のほうが強いですね。酔ってからもずっと同じペースで飲める。理性も失わないですね。翌日も平気なんですよ。

でも感心するのは、そういう場でもきちんと気づかいができるところ。ふだんから気配りができるんですけど、例えば僕のお酒がなくなりそうになったら、サッと店員を呼んで「何を飲みますか」と聞いて注文してくれる。先輩を立てるところは立ててくれるし、そういうところはしっかりしている。

それにすごく謙虚。活躍したときに報道陣によく「たまたまです」と言っていますけど、僕らといるときも変わらない。大きなことを言っているのは聞いたことがないですし、首位打者を争っているときも、「いやあ、僕なんか獲れないいっすよ」と言っていましたね。誰かの陰口も聞いたことがない。

あっ、でも長野はいたずらをするんですよね。

いつだったか、僕の車のドアノブに変なカニのマグネットがついていたんです。長野と一緒に出てきていたので「こんなのついているよ」と声をかけたら、「どれっすか」と言いながら寄ってきて、それを取ってまた別の選手の車につけていました（笑）。

こちらに気をつかわせないですし、先輩としては本当に付き合いやすい後輩ですね。

そして何より長野みたいなチャンスに強い、頼りになるバッターが仲間にいると、ピッチャーとして心強い。ここで俺が抑えれば打ってくれるとか、もし打たれても取り返してくれると思えれば楽に投げられる。

今季も首位打者を獲るような勢いで打ってくれると思います。

第3章 覚醒

応援団長

無事に受験を突破して入学した筑陽学園は甲子園出場こそ手が届いていませんでしたが、いつもベスト4、ベスト8まで勝ち上がる福岡の強豪校の1つです。特待生制度もあり、レベルの高い選手が集まっていました。

ドリームズからは僕も含めて5人。ほかのみんなは特待生で、一般入試で入ったのは僕1人だけでした。

そうした環境でしたから、高校でもすぐにはレギュラーになれませんでした。

2000年の入学当初、僕の身長は160㎝くらいで同じ学年ではいちばん小さかった。練習はとにかく厳しかったから、体力のなかった僕はついていくどころかウォーミングアップだけでクタクタになっていました。

ただしアップといっても1時間以上やっていて、とにかく走らされていました。それだけで脛《すね》が痛くなってしまったりするほどでした。

冬場には雑巾がけのようにタイヤを押す昔ながらの練習をしたり、ダッシュから長距離までのランニングメニューが多かったりして、本当にきつかったですね。江口祐司監督も当時コーチをされていた下井英生さんもすごく怖かったので、サボっているところは見せていません。

そうは言っても、例えば球場のまわりを走るときにネットがあって2人から見えないところではギリギリまで歩いて、見えるところまで来たら走り出したり、うまく適度に力を抜きながらなんとかやっていました。

練習がそこまで厳しいとは知らなかったのですが、筑陽学園を選んだのはドリームズの同級生だけじゃなく、先輩も多く入っていたためなんです。

ですが、普通に公立校に行ってほしいと考えていた父親とは、高校選びのときにもひと悶着《もんちゃく》ありました。

中学生のときに全国大会で優勝するなどすれば、甲子園にも出られるんじゃないか、将来はプロ野球選手になれるかもしれないと、子どもに期待する親もいるかもしれませんが、うちの父親はそんなに甘いことではないと考えるタイプでした。まして僕は9番バッターですからね。

そのときだけでなく、父親は僕がいつかプロ野球選手になってくれたらなんて期待を持ったことは、おそらくないはずです。

結局、このときも最後は自分の意志を通させてもらったわけですが、それでまた高校3年間、父親と言葉を交わさなかった、ということはさすがにありませんでした。中学生のときの経緯もあるので徐々にではありましたけど、試合の応援にも来てくれていたみたいです。僕には直接、言ってきたりはしなかったので、来ていることは全然わからなかったんですが。

でも「ちゃんと練習はしろ」とはずっと言われました。それから「やるからには人に負けるな」とも。その言葉はいつも聞かされていた気がします。

ただ、2年生の夏になっても公式戦ではベンチにも入れませんでした。早くから試合に出ているドリームズの仲間も2人くらいいて、どこかに悔しい気持ちもありましたが、やっぱり僕なんかよりうまかったので納得していました。全然レベルが違っていましたからね。

大会で応援するときは、ベンチの上で先頭を切ってひたすら声を張り上げていました。なんとか勝ってほしいと応援していました。ベンチからも僕の声はよく聞こえたみたいで、応援団長という感じでした。それでも悲観したり、やめようとは考えませんでした。ドリームズのときと同じく自分で決めた進学先でしたし、下を向いてやりたくはありませんでしたから。


試合に出られるようになるのは自分たちの代の新チームになった2年生の秋。ちょうどそのころから体が大きくなってきたということもあるんですが、コーチの下井さんがすごく目をかけてくれました。ベンチに入れなくても必死に応援していたことも評価してくれていたみたいです。

いろいろなアドバイスをしてもらいましたし、直接聞いたわけではないのですが江口監督にも僕を試合で使ってくれるように進言してくれていたそうです。すごく気にかけてもらいましたね。

もちろんコーチが薦めたからといって決めるのは指揮官ですから、決断してくれた江口監督のおかげでもあります。お2人にはとても感謝しています。

謙虚であれ

今はもう優しいですけど、江口監督も下井コーチも本当に怖かった。とくに江口監督は3年間クラス担任でもあったので大変でした。髪型とか制服とか、生活指導も厳しくて、ズボンの裾《すそ》が少しほつれているだけで、どやされました。

卒業間近に練習に顔を出したときも、髪型がなっていないということで、床屋さんに行かされました。

ところが、髪を切って戻ったんですがまだ不満だったようで、「なんだ、その頭は！」って愛のムチが飛んできました。それで「切り直してこい！」となって、せっかく伸びてきた髪だったんですけど、もういいやって、卒業式は丸刈りでした。

江口監督は体育の教師だったんですけど、自分の授業がないときは教室に見回りに来るので、授業中に寝たことはほとんどありません。ほかの部活の生徒は寝ていましたけど、野球部はみんな眠くなっても目を無理やり見開いて起きていました。目は開いているけど、両目の焦点が合っていないから、傍《はた》から見たらちょっと怖かったでしょうね。

さらに睡魔が襲ってきてウトウトしてシャーペンを持ちながら上体がずっこけたりするんですが、なんとか寝ないようにしていました。

寝ている部員がいたら、ガツーンと教室の扉を開けて「おまえら、外に出ろ!」と廊下に並ばされて、怒られました。本当に怖かったです。

でも、おかげで成績は良かったんですよ。

そういえば、入学してすぐのころにはテスト中に誰かの携帯電話が鳴って、野球部は携帯電話禁止になりました。野球部の生徒が犯人というわけではなかったんですが、結局、名乗り出る生徒が出てこなかったため、そうなりました。

でも、今だから言えますけど、学校には持って行かないものの、隠れてみんな持っていましたが。

江口監督は野球以前に、謙虚さであるとか、まず人間性の成長を求める方でしたから万事がもうそんな感じで規則も厳しかったのですが、みんなと一緒にふざけ合ったり、高校生活は楽しかったですね。

筑陽学園はサッカー部も全国大会に出る強豪で、休み時間にサッカー部のみんなに交じってサッカーをするのも楽しみでした。

自分で言うのもなんですが、サッカーはけっこううまいんですよ。（坂本）勇人もめっちゃうまいんですが、ジャイアンツでは1、2を争う実力だと自負しています。

学校は共学だったので、かわいい子もいましたし。恋愛は……、してました、たぶん。いや、そこは秘密です。

へそ

01年秋、新チームになってようやく試合に出られるようになり、それまで以上にみんなに追いつきたいと思うようになりました。

それまでは全体練習だけで精一杯だったものが、体力がついてきたこともあって、少し自分でも頑張るようになりました。

漫画か何かでやっていたのを真似て、靴に1kgくらいのインソールを敷いて走っていました。

けっこう、重たかったんですが、脚力はつきましたね。翌春になるころには、その靴でも走るのがチームでいちばん速くなっていました。冬場はかなり走り込みがありましたからね。体力強化のトレーニングも含めて毎日、立てなくなるほどのハードメニューでした。

そんな厳しい毎日を送る中、期せずして転機が訪れました。

1つの助言で、バッティングが劇的に変わったんです。

「おへそを右中間のほうに出して打て」

教えてくれたのは、たまに練習に来る江口監督の知り合いの方でした。打つときにおなかがへこんで背中が丸まってしまっているため、体幹の力を使えていないと指摘されました。

教わったことを実践してみると、バットを振ったときの感覚が全然違いました。それからは魔法にでもかかったかのように、反対方向に強い打球が飛ぶようになったんです。本当に僕にとっては大きなアドバイスで、パッと視界が明るくなった気分でした。

ハードメニューを乗り越えたことでユニフォームがきつくなるほどの筋力と体力がつき、翌春からは自分で言うのもおかしいですが、まるで別人のようにホームランが打てるようになりました。

1番サードに定着して、02年3月末からの約4か月間で20本以上打てました。中でも春の九州大会で放ったホームランは最高の一撃で、今でも感触が残っています。

春の県大会で優勝し、九州大会では順調に準決勝まで駒を進めました。相手は鹿児島実業。キャプテンは本多雄一で、エースの坂下隆一はそのときの九州ナンバーワン左腕との評価を得ていました。スタンドにはプロ野球のスカウトの方たちが本多や坂下をチェックしに来ていました。一方の僕はまだまったくの無名選手。誰も注目はしていなかったでしょうね。

試合は3対6で敗れましたが、僕はその坂下からレフトへの場外アーチ！

本当に気持ち良かったですね。金属バットではありますが、今まで打ったホームランの中でいちばん大きかった。両翼98ｍの福岡の久留米市野球場のレフトフェンスを楽に越えていき、自分でも「どこまで飛んでいくんだろう」と思いながら打球を目で追っていました。本当にすごい当たりでした。

推定飛距離は１５０ｍと言われていて、スカウトの方たちも驚いていたそうです。あれは大きな自信になりましたね。何より僕という存在がプロ野球の関係者に意識されるようになった一発でもありました。翌日にはさっそくスカウトの方が学校のグラウンドに見に来てくれたそうです。

感触だけでなく、ピッチャーが投げた球の軌道から打球の弾道、球場の雰囲気まで、今もイメージが頭に残っています。

いちばんいい未来

02年6月には県選抜にも選んでいただいて日米親善試合も経験することができました。試合にも出ていなかった2年生の夏までと比べたら置かれた立場はガラッと変わりました。

しかし、そこで天狗になるようなことはまったくなかったです。父親に厳しくしつけられていましたし、江口監督にも謙虚でいることを教わっていましたからね。それに、そもそもずっと試合に出られなかった選手ですから、勘違いするようなことはありませんでした。

そして迎えた、最初で最後の夏。

順当に県南部大会を勝ち上がり、16校による県大会でも初戦の八幡戦は初回に3点を先制される苦しいスタートながら7対3で逆転勝ち。続く準々決勝の相手は柳川。初回、2回で4得点して主導権を握ったのですが、5回に2点を返されると、

6、7、8回にも1点ずつ奪われ4対5。1点差での惜敗でした。勢いに乗った柳川はそのまま甲子園への切符を手にしました。

やっぱり甲子園には行きたかったですね。当然、そこを目標にやっていたわけですから。

仮に甲子園に出場して、たまたまでもホームランを打ったり、活躍できたりしていたら、プロからの評価も上がっていたかもしれません。結局、ドラフトでは名前が読み上げられることはありませんでしたが、このころから、僕のプロへの憧れも大きくなってきました。

ただ、そのときにはすでに日本大学に進学することが内定していました。最初は江口監督にプロに行きたいと伝えましたが、もちろん指名されない可能性もあったため、そうなると大学側に待ってもらうことになってしまう。僕はそんな選手ではありませんでしたから、考えを改めて進学することにしました。江口監督にも「大学に4年間行ってから、もう1回チャレンジしてみろ」と励ましていただきました。

江口監督は筑陽学園に赴任する以前の西日本短期大学附属高等学校のコーチ時代

に甲子園優勝を経験しただけでなく、教え子には新庄剛志さん（元北海道日本ハム）や、現在、日本文理大学の監督をされている中村壽博《としひろ》さんなどがいます。そうした方たちの、ためになるエピソードを聞かせていただきましたが、とくに新庄さんのことはよく話してくれました。自覚はないんですが、新庄さんと性格がちょっと似ていると言われたこともありますし、

「高校生の時点での肩の強さは新庄と同じくらい」

と褒めていただいたこともありました。

そのころの新庄さんと言えばメジャーリーガーとして華々しく活躍されていて、守備はめちゃくちゃうまくて、肩も一級品。それは本当にうれしくて、よく覚えています。

ほかにも多くの選手を見てきた江口監督は、様々なことを想定して大学に行くことを後押ししてくれたんだと思います。

技術も体力も身についていないままプロに入って2、3年でクビになってしまったら、今ごろ、野球ができていないどころか何をしているかわからない。野球以外

にできることもありませんし、そうなったときのことを想像すると怖いですよね。もちろんすぐに活躍してもう年俸4、5億円もらっていた可能性だってあるわけですけど、そんなに甘い世界ではありませんからね。

どうなっていたかは誰にもわかりませんが、行かなくて良かったのかなと思っています。そのとき選べた進路の中で今がいちばんいい未来だと信じています。

筑陽学園での3年間は野球はもちろん、人間形成の部分でも今の僕の礎《いしずえ》になっていますが、もう1回やれと言われても絶対にやりたくないですね。どれだけお金をもらってもいやです。

ただ仮に練習量の少ない学校に行っていたら自分からは練習しなかったでしょうから、プロどころか、大学で野球を続けることもできなかったでしょうね。

COLUMN 私が見た「長野久義」の素顔

坂本勇人 内野手

「買い物、ゴルフ、飲み会での秘話をしゃべります」

同じバッターとしてすごいなと感じるところはインパクトが強いことですね。ボールとバットが当たる瞬間が強い。スイングスピードも速いですし、あれだけホームベースから離れても打てる技術もすごいですよね。僕があれだけ離れたら全然、打てなくなっちゃうと思います。

それと、右方向へのおっつけもすごい。あの右方向に打つテクニックは、僕には絶対に真似できません。

2011年最終戦の代打逆転サヨナラ満塁ホームランも、ライトスタンドでしたよね。あのとき長野さんは9番の打順のところで代打として出てきたので、次のバッターの僕は先にネクストバッターズサークルのそばにいたんです。

そうしたら僕の横を通りすぎるときに、長野さんが「勇人、頼んだよ」って声をかけてきた。

めちゃくちゃ緊張していましたね。ああ、長野さんでもこういうことがあるんだなと思いました。それでも打ってみせるのはさすがですよね。

長野さんの首位打者争いと内海さんの最多勝争いの中での決勝ホームランは、僕もすごくうれしかったです。僕の11年のベストゲームです。

この年の長野さんは、練習前に体幹を意識して強化していました。僕らの見ていないところでもやるべきことはやっていたんだと思います。

足が速いから守備範囲が広いですし、何より肩がめちゃくちゃ強い。ランナーが2塁にいるときに長野さんのところにヒットが飛んでも、あの強肩だと相手のサードコーチャーもランナーをホームに向かわせづらいですよ。

長野さんとは考え方が基本的に似ているのか、趣味が合いますね。

長野さんは車にはあまり興味がないみたいですけど、時計は好きですね。僕も時計が好きなので、よく話をします。

それと、買い物好きも共通点ですね。たまに、この服、持っていますかとかって電話したりもします。デニムだったら、どこどこのデニム持っていましたっけとか。重なったらちょっと気まずいかなと。

でも何個かは絶対、かぶっていますね。

ロッカーがきれいなほうじゃないのも、一緒かな（笑）。

性格はどうですかね。似ているかどうかはわからないですけど、僕は少し神経質なところがありますけど、長野さんは細かいことは気にしないタイプだと思います。

オフは知り合いも交えてゴルフにも行ったりします。スコアは僕のほうがいいです！　長野さんは社会人を経験していますけど、そんなにやっていなかったんじゃないですかね。お世辞にも、うまいとは言えません（笑）。

でも、お酒の強さはかないませんね。お互い気を許し合っているのでよく食事にも行きますが、オフに1度、僕が少し飲みすぎて酔ってしまったときに、家まで送ってもらいました。

長野さん、野球はもちろんプライベートでも、これからも頼りにしています！

MIZUNO
Chono

CHONO
MIZUNO

MIZUNO

adidas
7

adidas
GIANTS
7

がんばろう！
日本

CHONO
7

GIANTS PRIDE
adidas
GIANTS
7

第4章 飛躍

骨折と右手の押し込みの関係

日本大学では1年生（2003年）の春から試合に出していただきました。高校最後の夏の大会後、プールに通うなどして備えてきましたが、まさかいきなり出られるなんて予想もしていませんでした。

開幕カードの1回戦から代打出場し、2回戦では7番サードで先発。ヒットを2本打ち、その後も主に5番でスタメン出場。3カード目までは打率は3割を超えていたのですが、最後の2カードはピタリと当たりが止まってノーヒット。終わってみたら2割ちょっとでした。

練習では先輩よりも打球を飛ばすことができていたんですけど、大学はレベルが高いなと痛感させられました。

しかも順位は最下位でいきなり入れ替え戦。

初戦を1点差で落とし、2回戦は取り返すも、3回戦も8回を終わって0対1。

なんとか9回表に2点を取って1部残留を決めましたが、入れ替え戦のある東都大学野球連盟の厳しさも味わいました。

雪辱を期して臨んだ秋のリーグ戦。開幕戦では驚くことに4番に指名され、なんとか決勝犠飛でチームに勝利をもたらすこともできました。しかしその後、僕の成績は振るわず、終わってみればチームは2位に躍進したものの、最後まで4番を打ち続けることはできませんでした。

2年生（04年）の春は10連勝で1部優勝を果たしましたが、個人的には不満が残りました。大学初ホームランこそあったものの打率は1割台。4完封を含む5勝を挙げて、防御率も0・39と驚異的な成績を残した当時4年生でエースの那須野巧さん（元横浜・千葉ロッテ）を少しも助けられませんでした。その那須野さんとは寮の部屋が一緒になったこともあって今でも一緒に食事をしたり、仲良くしていただいています。

秋は打率2割半ばまで上がったものの、翌春はまた不振。鈴木博識監督（当時）には、なかなか打てなくても我慢して使っていただきました。

大学生のときはケガばかりしていました。

1、2年生のときは右肩に痛みがあってボールが投げられないときもありましたし、3年生（05年）の夏にはダイビングキャッチを試みて左手首を骨折。松井秀喜さんがヤンキース時代にスライディングしながら捕球しにいってグラブが芝に引っかかってしまって骨折されましたが、僕はダイビングキャッチしたときにひっかかり、バーンとやってしまった。東海大学とのオープン戦でした。

すごく痛くて途中交代したんですが、試合が終わったあとに鈴木監督からティーバッティングをするように命じられました。ところが痛くてどうにもバットを振れない。それで「痛くてできません」と言ってやめさせてもらって病院に行きました。

そうしたら案の定、折れていました。

その後しばらくは右手だけでティーバッティングをしたり、あとはずっとランニング。ひたすら走っていましたね。

僕はプロのほかの選手に比べれば、そこまでにやってきた練習量は決して多いほうではないと思います。ですが、走ることに関しては中学、高校、大学でかなりやってきたと胸を張れます。

日本大学のときは400m、300m、200mをそれぞれ10本、100mを20本と、そういうメニューを3日に1回か、4日に1回というペースでやっていました。ちょうど球場の横に陸上トラックがあって、300mは50秒以内、400mは60秒以内とタイム設定もあって、しゃれにならないくらいきつかったです。距離にしてもトータルすれば10kmを超えていますからね。

心肺機能が鍛えられるような練習はすごくやりました。そうした貯金が今の僕を支えてくれている部分はあると思います。

長距離は得意ではありませんが、そのランニングメニューのときはいつも1番か2番で上がってきていましたし、今でも1kmまでだったり、中距離はちゃんと走れば相当いい成績が出せる自信があります!

骨折の影響で3年生の秋のリーグ戦は最後の2カードしか試合に出られませんでしたから、当然、打席数は少なかったのですが、打率が初めて3割を超え、最終戦では延長13回表に決勝2ランを打つなど、成績はようやく納得のできるものに近づきました。

ケガの功名とはよく言ったもので、片手だけのティーバッティングを繰り返していたことで右手の使い方のコツをつかんだ部分もありますし、走り込みも下半身強化につながりました。

骨折と軸回転の関係

打席の立ち位置を変えたのもこの時期で、いろいろな要因がいい形で重なりました。ホームベースから大きく離れて立つようになったのは、後輩のアドバイスからでした。

もともとはベースから一足半分離れて立つと決めていて、いつもスパイクで測って打席で足場を作っていました。それが当たり前で、位置を変えようとは考えていなかったのですが、そのとき僕には外角のストライクからボールになる右ピッチャーのスライダーを追いかけすぎるという欠点がありました。わかってはいても、自分では届くという感覚なので打ちに行っていました。

それで、スコアをつけていたデータ班の後輩が「外のスライダーを振らないようにするために、もうちょっとベースから離れてみたらどうですか」と言ってきてくれたんです。そこから少しずつ下がっていった結果、今の位置まで離れています。大きな変更ではありましたが、いつも見てくれていた信じられる後輩からのアドバイスでしたから変えることに抵抗はありませんでした。その助言も、僕がプロ野球選手になるうえで絶対に欠かせないものだったと言い切れます。

それにしても振り返ってみると骨折は本当に多いですね。

中学生のときには鎖骨を折りましたし、大学のリーグ戦中にヘッドスライディングをして手の薬指を折ってしまったこともありました。そのときは痛みを押してプレーしていましたが。その後も4年生（06年）の春のリーグ戦で、左足首を骨折しました。

しかし、これもケガの功名になるのですから、人生は何がどう転ぶかわかりませんよね。

2カード目の対東洋大学の1回戦。7回にヒットで出塁して、その後に盗塁を試みたんですが、2塁にスライディングして足をひねったまま立ち上がってしまったんです。そうしたら「グキッ」って。

はっきりと音が聞こえました。

これは「いってしまった」と。もう、めちゃくちゃ痛かったです、でもキャッチャーからの送球が逸れていたため3塁まで走らないといけない。足を引きずりながら走って最後は頭から倒れ込むようにヘッドスライディング。自分でもあれはよく走れたなと思います。

ベンチに戻って痛めたことを鈴木監督に伝えると「バカヤロー、またか!!」って怒鳴られました。そのときは選手層も薄くて、交代するわけにはいかなかったんです。それでテーピングをぐるぐる巻いて試合に出続けました。攻守交替のときは走れないどころか、まともに歩けないのでベンチ横からフェンスをつたいながらセンターまで歩いていきました。

次の日も試合があったので、その日は病院には行かずにそのまま合宿所に帰りました。3年生の秋から本格的に外野にコンバートされて、ずっとセンターだったんですけど、翌日の2回戦は痛み止めの薬を飲んで、鈴木監督が配慮して回してくれたライトで強行出場。

しかし、思うようなプレーはできず4打数ノーヒット。チームも連敗となって勝ち点を落としました。

次の立正大学との試合は6日後だったので、その日のうちに病院に向かいました。ところが、診断結果は異常なし。

それでも、あまりにも痛いので何日かして再び病院に。今度は負荷をかけてレントゲンを撮ったら、骨の奥のほうが折れていることがわかりました。その場でギプスを作ってもらったんですが、取り外しができるものだったので外に出たらすぐに外して、それからつけませんでした。

そんな姿を見せてしまったら、さすがに試合には使ってもらえませんから、なんとかごまかしながらやろうと決めていました。

本当にほかに出られる選手がいなくて、出ないわけにはいかないような状況でした。将来に影響してしまうのではないかとか、そういう考えはまったく浮かびませんでした。２カード連続で勝ち点を取れていませんでしたから、目の前にある試合をなんとしてでも勝ちたい。その思いだけでした。

しかし実際にバットを振ってみると、持ち上げた左足を地面に着けるときに激痛が走る。どうしてもかばってしまうので、それまでのグッとではなく、そっと下ろすだけという感じでしか踏み出すことができませんでした。

これでは打てない……。

最初は、あせりました。しかし、これが幸いするのです。

もともと体が前に突っ込むことが多かった僕にとって、左足に体重を移動させられなくなったことで悪癖の矯正に結びつきました。簡単に言えば、軸足の右足で回転して打てるようになったんです。それまでとはまったく違う感覚になって、「つかんだ」と思いました。

もちろん痛みはありましたが、立正大学との3試合では1番ライトで先発出場して14打数5安打。チームも勝ち点を取れました。続く青山学院大学との1回戦では、その年のドラフトの希望入団枠で東京ヤクルト入りする高市俊から4打数4安打。2回戦は4打数3安打。3回戦は再度、高市と対戦し、快心の当たりのホームランを含む4打数2安打。

実戦でも結果が出たことで、つかんだ手応えは確信に変わりました。

最終カードの駒澤大学との試合でもホームランを含む3打数3安打と4打数2安打。軸足で回転して打てるようになってからは33打数19安打2本塁打。5割7分6厘という驚異的な打率で打ち続けることができました。トータルでも47打数23安打。

この4年生春シーズンは、4割8分9厘で首位打者のタイトルも手にしました。チームも4位とはいえ一部に残留。3年生まではたいした結果を残せていませんでしたから、この骨折がなければホンダでプレーすることもできなかったはずです。そうなればプロ野球選手という夢も実現しなかったでしょうね。

22人のプロ野球選手

さらに春の成績が認められ、7月にアメリカのノースカロライナ州で行われた「第35回日米大学野球選手権大会」及び8月にキューバのハバナで開催された「第3回世界大学野球選手権大会」の日本代表メンバー22人にも名を連ねることができました。ちなみにこのときの22人全員がその後にプロ入りするという錚々《そうそう》たる顔ぶれでした。

僕の選出に関しては反対の声もあったそうなんですが、代表監督を務めた岩井美樹国際武道大学監督が、愛知工業大学の長谷部康平（現東北楽天）とともに僕を高く評価してくれて、メンバーに入ることができたと聞いています。

結果的に長谷部と僕は日米大学野球選手権で主力としてチームに貢献。長谷部は中継ぎで3試合に登板して6回無失点。僕も5試合すべてに先発出場して2ホーマー。とくに初戦の2ランは、アメリカチームのエース、デイヴィッド・プライス

（現タンパベイ・レイズ）から放ったものでした。

ご存じない方もいるかもしれませんが、プライスは07年にメジャーリーグのドラフトで全体1位で指名され、10年には19勝6敗の成績を残し、オールスターでもスターターを務めた速球派左腕です。すごかったですよ。いきなり初回から101マイル（約162・5km／h）ですからね。エッーって。むっちゃ速かった。

まぐれですけど、そのプライスからホームラン。はっきりと覚えています。

もちろん選手選考のときにそういった経緯があったことは知りませんでしたが、選んでくれた岩井監督の期待に少しでも応えられて本当に良かったです。代表のユニフォームは、もちろんこれが初めて。続く世界大学野球選手権は4位でメダルをのがしてしまいましたが、日の丸の重みも感じましたし、そのときにしか得られない体験ができました。

その後もジャパンのユニフォームを着る機会が何度かありましたが、そのたびに素晴らしい経験をさせていただき、自分を大きくしてくれています。

06年は、秋のリーグ戦に入っても好調は続きました。

初戦の國學院大学戦では逆転2ランで白星スタート。13試合すべてに先発出場してヒットを打てなかった試合は1試合のみ。打率4割4厘（52打数21安打）で春秋連続となるリーディングヒッターを獲得。2季連続首位打者はリーグ史上7人目のことだったそうです。あくまでヒットの延長という考えでしたが、ホームランも駒澤大学の野本圭（現中日ドラゴンズ）と並んでリーグトップタイの5本。しかし、チームは勝ち点を1しか挙げられずに最下位に沈みました。

1年生の春以来となる2度目の入れ替え戦。

相手の専修大学のメンバーにはジャイアンツで同僚となるマツ（松本哲也）が3番バッター、ピッチャー陣には土本恭平がいました。また、4番を打っていたのは長谷川勇也（現福岡ソフトバンク）と、とてもいいチームでした。こちらも3年生に篠田純平（現広島）、十亀《とがめ》剣（現埼玉西武）も1年生ながら主力として投げていました。どちらが勝ってもおかしくない顔合わせだったと思います。

2勝先取の1回戦。試合は1回表に1点を先制するも5回裏に追いつかれ、その後は毎回のようにランナーを出したんですが、スクイズ失敗などもあって得点が奪えず。両チームともゼロ行進が続き、最後は12回裏にタイムリーヒットを打たれてサヨナラ負け。

あとがなくなった2回戦は前日に先発して6回を自責点1でしのいだ篠田が再び先発。しかし初回にマツの四球と長谷川のヒットにエラーなども絡んで先取点を許すと、2回表にも1失点。3回裏に1点を返すものの4回表に2失点。最後まで追いかける展開となって2対7で敗れました。

2試合を通じてマツはヒット1本でしたが2回戦では先制のホームを踏んでいますし、長谷川は7打数4安打。それに対して3番の僕と、同級生でホンダでも一緒にプレーする4番の川戸洋平がともに8打数無安打。3番と4番がそこまで打てなくては勝つのは難しい。僕らの不振が大きかったです。大学時代でいちばん悔しい試合になってしまいました。

19季ぶりの2部降格。

「記憶から消し去りたい」と言いたいところですけど、僕にとって絶対に忘れてはいけない試合です。なんとか後輩たちが1部で戦える状況を残さなければいけないという気持ちを強く持っていましたので、2部でプレーさせることになってしまい、本当に悔しかったです。

ただ、翌年秋には篠田が頑張ってくれて、すぐに1部に戻してくれたことは救いとなりました。

160㎞/hが当たったら

チームとしては最悪のラストでしたが、リーグ戦直後の第16回IBAFインターコンチネンタル杯（台湾・台中）、第15回アジア大会（カタール・ドーハ）でも日本代表に呼んでいただきました。

両大会をはさむ形でドラフトが行われたので、プレーしているときは不安や苦悩、入団拒否を巡る騒動からも解放され、いい意味でそのことを忘れることができたり、冷静に考えたりすることができた期間にもなりました。

アジア大会では3連覇を念頭にプロ選手中心のチーム構成だった韓国との一戦で

サヨナラ3ランが打てましたし、翌日の中国戦でも3回に2本のタイムリー2ベースでチームの大勝に貢献できたように、悪い影響もありませんでした。

もちろん両大会とも優勝を目指していましたから、インターコンチネンタル杯4位、アジア大会銀メダルという結果は満足というわけではありませんが、チームで「師匠」と呼べる大先輩との貴重な出会いにも恵まれました。

ホンダに進んでからも、07年11月の第37回（台湾各地）と09年9月の第38回（ヨーロッパ各地）のＩＢＡＦワールドカップに参加させていただきました。

07年大会は準決勝でキューバと対戦しましたが、相手の先発ピッチャーは09年の第2回ＷＢＣ（ワールド・ベースボール・クラシック）でも話題になった160km／h超え左腕のアロルディス・チャップマン（現シンシナティ・レッズ）でした。日米大学野球で対戦したプライスも速かったんですけど、チャップマンも速かったですね。同じサウスポーですが投げ方が違うので比較はしづらいんですけど、2人ともとにかく速かったです。

チャップマンはその試合で林稔幸さん（富士重工業）に死球を当てているんです。

それも頭の近くに。林さんはそのまま救急車で運ばれたんですが、「あんな球を投げられたら怖いよ」って言っていました。

林さんとは同じ部屋だったので、病院から戻ってきて寝るときに、「長野、朝になって俺が息をしているかどうか、確認を頼むよ」と本気とも冗談とも取れないことを言われて、その夜は心配で眠れませんでした。途中、何度も目が覚めて、大丈夫かな、体が冷たくなっていないかなって。幸い何事もなく、林さんは今も富士重工業の主力打者として活躍されています。

とにかく、このときのチャップマンの球はすごかった。僕も3タコだったと思います。速すぎてまったく打てる気がしませんでした。

試合も3対5で敗れ、オランダとの3位決定戦は制したものの金メダルには手が届きませんでした。09年の成績はもっと悪くて2次ラウンド敗退。いつか「世界一」の称号を手にしてみたいです。

COLUMN 私が見た「長野久義」の素顔

藤村大介 内野手

「長野さんは常に前向き。だから、いい結果が出る」

長野さんは周囲に対する気配りがとてもできる方です。

僕が2011年シーズンに初めて一軍に上がったとき、最初に声をかけてくれたのが長野さんでした。練習の全体の流れなど、わからないことが多かったんですが、すごく親切に教えていただきました。

試合中にもよく声をかけてくれます。ライトやセンターからセカンドの僕に、ポジショニングや、こういう打球が来たらお互いこうしようなどと指示してくれます。

外野手と内野手のあいだに飛んだフライは声のかけ方が難しいんですが、こういうケースで俺が声を出したときは俺が捕るからとか、いつも事前に確認してくれるので、迷うことなくプレーできています。

また、僕はバッティングに課題が多くて、コーチの方からたくさんのことを教わっていた時期があったんですが、そんなときに長野さんがさりげなく、「あまり悩み過ぎず、思い切りやればいいんだよ」とアドバイスしてくれました。

本当にまわりのことがすごく見えている。

僕がプレッシャーを感じて緊張していると、いたずらを仕掛けてきて、なごませてくれます。そういうふうにまわりが見えることは、野球にもつながっているんじゃないですかね。プレーしながらいろいろなところまで見渡せたり、気づくことができるから、試合の流れをつかむのがじょうずなんだと思います。

それに不思議なくらいプレッシャーを感じていない。いえ、実際は感じているのかもしれませんけど、そう感じさせない。

11年最終戦の代打逆転サヨナラ満塁ホームランも足が震えていたとおっしゃっていましたけど、言われなければわかりませんでした。しかも、それで結果を出してしまう。

テンパってしまってミスをしたという記憶もないですし、緊張することがあるのかと思ってしまいますね。

ふだんからニコニコされていて面白い方ですが、僕はけっこういじられています。気をつかっていたずらをしてくれることもあるんですが、単なるいたずらもよくやられています。

この前も練習を終えてロッカールームに戻ったら、僕の席の前に長野さんのポスターがドーンって置いてありました。

何人かの選手が写っている大きなポスターなんですが、ちょうど長野さんの顔がこっちを向くように筒状に丸めてありました。大事にしろよ、みたいな感じで。野球をやっているときは真剣なんですけど、プライベートではいたずらばっかりです。ちなみにそのポスターは、今も僕のロッカーに残っているんですけどね（笑）。

あと、長野さんはすごくいいにおいがするんですよ。

私服のときだけでなく、ユニフォームのときも香水のにおいが漂っています。汗のにおいはしません。球団の広報の方も、一緒にいなくても長野さんがさっきまでこの部屋にいたなとかわかるそうです。そのへんはデリケートな方です。

いつも明るくされていますが、もちろん悩みだってあるのかもしれません。けれども、そういう姿は見せたことがない。本当に楽しそうにやられている。

でも、そうやって常に前向きに、プラスに考えていくことができるといい結果が出るのかなとも感じています。そういうところも学んでいきたいです。

第5章 素顔

運命の人

前章で師匠の存在について少し触れましたが、この方がいなければ僕の野球人生はまた違ったものになっていたと思います。

西郷泰之さん。

「ミスター社会人野球」とも称される西郷さんのことは野球の面はもちろん、人間性の面でもとても尊敬していて、今でも連絡を取らせてもらっています。

２００６年、大学４年生で選ばれたインターコンチネンタル杯のときに初めてお会いしたのにもかかわらず、そのとき北海道日本ハムからの指名に悩んでいた僕に、行くか行かないかの決断は「自分で決めたほうがいい」と、親身になってアドバイスをしてくださいました。

西郷さんは高校卒業後に三菱ふそう川崎（当時は三菱自動車川崎）に入社し、１９９５年、22歳のときにキューバチームを招いた「ベースボールウイーク・イン・ジャパン」で初めて日本代表に入り、翌年のアトランタ五輪ではジャイアンツの谷（佳知）さん（当時・三菱自動車岡崎）の前の2番を打つなど活躍。以来、アマチュア野球界を先頭に立って引っ張ってこられました。01年の第34回ワールドカップでは（高橋）由伸さんや阿部（慎之助）さんとも一緒に戦っています。社会人ベストナインは史上最多の6回。日本代表キャリアも現役最多を誇っています。

それほどの実績を持つ方の言葉は僕にとって本当に心強いものでした。

その後も西郷さんとは試合で顔を合わせたときだけでなく、食事に連れていっていただくなどプライベートでもかわいがってもらいました。

三菱ふそう川崎が08年のシーズン限りで活動を休止した際には引退も考えられたそうですが、安藤強監督の強い誘いでホンダに移籍。チームメイトになってからは、その距離はさらに縮まりました。

飲みに行ったときの話も、「ばり」面白い。はちゃめちゃなエピソードをいくつも持っていて、いつも大爆笑させていただいています。

野球のことはこちらから聞きにいくと答えてくれますが、基本的には自分から教えるタイプではありません。自分で見て学ぶ、盗むという感じでたくさんのことを見習わせていただきました。代表チームでも4番を打ってきたようにバッティングも素晴らしいんですが、守備はさらにレベルが高い。

キャッチボールもずっと一緒にやらせてもらっていたんですが、絶対にこちらの胸や顔の周辺に投げてくる。それこそ前に（第2章）お話しした僕のおばあちゃんではないですが、その精度の高さには本当に驚かされました。しかも球筋もきれいですごく捕りやすい。キャッチボールでも投げる相手のことも考えながら1球、1球を大事にされています。

「ちょっとしたことを疎《おろそ》かにしてはいけない」

「野球は自分1人でやっているわけじゃない」

そんなことをボールが語りかけてくるようでした。

ティーバッティングをするときも、バッティング用の皮手袋をしながら球を上げる人もいますが、西郷さんは必ず素手で行っていました。そのほうが正確にトスできますからね。そういう気づかい、いくつになっても泥だらけになって練習する姿勢。まさにお手本のような方です。

西郷さんがホンダに移籍してきたタイミングは、僕がちょうど千葉ロッテからの指名を受けて、行くかどうかで迷っていたときでした。

ホンダでは1年目からすぐに試合に出していただき、ベストナインにも選んでいただきました。ですが、社会人野球の最大の大会である都市対抗野球では1年目の07年は初戦敗退。2年目の08年も田澤純一（現ボストン・レッドソックス）を擁する新日本石油ＥＮＥＯＳに準決勝で敗れました。

会社への恩返しの意味でも、都市対抗野球で優勝して日本一にならないままプロ野球に行っていいのかという思いが強くありましたが、西郷さんと一緒に野球ができるということもチームに残った理由の1つでした。運命的な巡り合わせだったと思います。

3年目の09年は西郷さんが4番を担ってくれたことで、僕は3番に固定されました。安藤監督も西郷さんが入ったことで「長野が生きるようになった」と話していましたが、西郷さんが後ろでドンと構えていてくれると、すごく打ちやすかった。相手ピッチャーは僕を塁に出して西郷さんと対戦したくない。そのためボール球を振らせようという攻め方がしづらくなって、ストライクゾーンで勝負してくる。それが少しコントロールミスをして甘いコースに入ってきたところをカーンと。西郷さんにつなげばいいという心の余裕も持てましたから、強引に打ちにいくこともなくなりました。

西郷さんはみんながここで打ってほしいという場面で期待どおりにホームランを打ってくれたりする本当にすごいバッターです。

念願の優勝を果たすことができた都市対抗野球で首位打者（19打数11安打、打率5割7分9厘）を獲れたのも西郷さんが後ろにいてくれたから。日本代表でも僕が3番で4番が西郷さんのときは、打率がすごく良かったと記憶しています。

西郷さんは僕と年齢がちょうどひと回り違いますが、39歳の今も現役で衰え知らず。バッティングは柔らかさと力強さを兼ね備えていて、1年間限定でもいいのでプロ野球でやってもらいたいなという願望も僕の中にはあるくらいです。

すごく存在感のある方で、原（辰徳）監督にも「西郷君はまだやっているのか」と何度か聞かれましたし、ほとんどのプロ野球の選手が西郷さんのことを知っています。45歳くらいまでは現役でいてもらいたいですね。

巨人でもたくさんの先輩方によくしていただいていて、とくに阿部さんにはお世話になっています。とても面倒見がいい方で、ジャイアンツに入ってきたときも気をつかっていただきましたし、オフのグアムでの自主トレも2年連続で連れていってもらっています。

また、僕にゆるみが出ていれば、きちんと正してもくれます。一度、球場の僕のロッカーが整理されていないときに、阿部さんに片づけられてしまったことがありました。口で言われるより、ハッとさせられました。

僕はこう見えて少し潔癖症のところがあります。昔はお皿がちょっと汚れていたら、もう食べられませんでした。ただ、国際大会とかで海外に遠征で行くようになって、国によってはきれいではないところもあるので、だいぶ気にならなくはなりましたが、以前はグラスなどもしっかり洗えていなかったりしたら口をつけられませんでした。

そんな一面もあるので自分の部屋はいつもきれいにしているんですが、ロッカーは荷物が多いこともあって片づいていないことがあったんです。そうしたら阿部さんが……。

ある遠征からの帰りの新幹線がたまたま原監督やコーチの方と近い席で、何人かの選手と一緒にナイターのゲーム前に食事に連れていってもらいました。おなかいっぱいになって、おいしかったなと上機嫌で球場に入ったら、いつもの位置にあるはずの見慣れたロッカーがない。

「あれっ？　ロッカーの位置が変わったのかな」

部屋を見回してみると、なぜかみんながクスクス笑っている。状況が読み込めず、一気に血の気が引いてテンパリながらも自分のロッカーをもう一度確認してみると一枚のカードが置いてある。そこには阿部さんのサインが記されていたんです。

ホテルに宿泊すると〈この部屋を掃除したのは○○です〉というカードが置かれ

ていますよね。あれと同じ。整理されていないロッカーを見かねた阿部さんが、独断で置かれているものの取捨を決めて裏方さんなどにあげてしまっていたんです。

あのときは本気であせりました。それ以降はきちんと整理整頓しています。

よく「長野は気さくで誰とでも仲良くしている」と言われますけど、阿部さんは「仲がいい」なんて恐れ多くて言えないです。大先輩ですし、守備面でも打撃面でもチームの柱ですからね。一線を引くどころか2本くらい線を引いています。

阿部さんがいるから、いい緊張感を維持できていると思います。

本当にかわいがっていただいているので、阿部さんに「何をやっているんだ」と言われないように、今後も頑張りたいです。

子どもができたら

プライベートでも食事に行くことが多いのは年齢が近いということもあって越智大祐さんや山口（鉄也）さん、それから（坂本）勇人ですね。

越智さんは10年シーズンのオフに、山口さんも11年のシーズンオフにご結婚されましたが、独身だったときは休み前の日などによく連れていってもらっていました。その4人でもよく一緒に食事していました。

うちはピッチャーと野手の垣根が全然ない。内海哲也さんにも誘ってもらいますし、日本人ピッチャー最年長の久保裕也さんにも声をかけていただいています。

カラオケはそんなに好きではなく、よく行くというわけではありませんが、食事をしたあとやシーズン中で調子が良くないときなどは、誰かを誘って行ったりしますね。最近はみんなでドリフターズの早口言葉とかをやったりしています。お酒が進んでくると舌がうまく回らなくなってくるので、面白いですよ。

調子が悪いときに歌う曲もあります。例えば2000年のヒット曲のメドレーとかですね。曲順もだいたい覚えています。山口さんは試合で打たれたときは、B'zの『ALONE』を1人で熱唱するんです。

カラオケはいいストレス発散になりますね。

僕の年齢は、山口さん、越智さんの1歳下。ですから、そろそろ僕も結婚してもいいころなのかもしれませんけど、正直いつになることやら想像もつきません。

でも子どもは将来、やっぱり欲しいですよね。父親が厳しかっただけに、僕はそういうふうにはならないと思います。

あっ、でも男の子が生まれたらやっぱり厳しくなるかな。女の子だったらすごく甘くなりそうですけど。

あれっ、それって父親と変わらないですね（笑）。

オフの日の過ごし方は買い物が多いですね。洋服だったり、小物だったり、買い物はすごく好きです。

まわりには車が好きな選手が多いですが、運転はそんなに好きなほうではないですね。苦手ということはないですけど、山口さんはすごくうまいんで、それぞれ車で出かけて停め方が難しいところで一度、代わりにお願いしちゃったこともあります。本当にいい先輩です！

その代わり？　すぐに寝られるという特技は人には負けませんよ。寝ようと思ったらすぐ寝られます。それと普通は1日十何時間も寝られないと思いますが、僕はずっと寝られます。

12年1月、自主トレを終えてグアムから帰ってきたときも昼の1時半くらいに空港に着いて、家で夕方4時くらいから3時間寝て、ご飯を食べてまた9時くらいから12時までソファで寝て、そこからベッドに移動して次の日の昼の12時くらいまで熟睡。ずっと寝っぱなしでした。

合計すると20時間近く寝ていますね。人が見たら病気なんじゃないかと心配しちゃいますね。

もちろん、そのときはそれだけハードなトレーニングをやってきて疲れていたんだとは思いますけど、日ごろからよく寝ています。

あと、お酒もまわりからは強いと言われます。

勇人も雑誌かなにかで、僕はお酒をスポーツドリンクのようにガバガバ飲むと言っていましたが、僕自身はたしなむ程度だと思っているんですけどね（笑）。

泡盛と紫蘇《しそ》の焼酎はちょっと苦手ですけど、ビール、焼酎、日本酒、ワイン、ウィスキー。基本的には何でも飲めます。

負けたくない親友

勝負の世界の人はみんなそうでしょうけど、性格的には負けず嫌いで何をするのにも負けたくないという気持ちはありますね。それはやっぱり必要なことなんじゃないかなと思います。

こいつだけには負けたくないというライバルの存在を挙げるなら、中日の野本（圭）ですね。

野本は駒澤大学から日本通運に入り、僕より1年早くプロ野球界に入りましたが、大学、社会人時代からしのぎを削ってきた間柄。先にも書きましたが、大学4年生の秋のリーグ戦ではともにホームラン5本でトップを分けあいました。野本が頑張ったら僕も頑張らなきゃいけないという気持ちは常に持ってきました。

僕のいちばんのライバルは野本。それは昔も今も変わらないです。

それと同時に野本はいちばん仲のいい選手でもあります。出身も違いますから大学に入ってから知り合ったんですが、少しずつ話すようになりました。世界大学野球選手権のときは同部屋にもなって、さらに仲が深まりました。

その大会で首位打者を獲得したように、彼のバッティング技術はすごいですよ。その後の代表戦でも当然のように選ばれて一緒に戦い、社会人時代も同じ埼玉県のチームとして彼のすごさを目の当たりにしてきました。今も打つことに関しては、まだまだ野本に追いつけていないなと思っています。

中日も外野手争いが厳しいですけど、これからも2人で刺激し合いながら、またどこかで一緒のチームになってプレーできたらいいですね。

それが叶うとしたら、どちらも移籍がなければ日本代表。いや、オールスターのほうがまだ可能性はあるかな。

う~ん、やっぱり引退後の草野球チームですかね（笑）。

COLUMN 私が見た「長野久義」の素顔 番外編

本書制作スタッフ代表&野球・スポーツ実況

節丸裕一アナウンサー

「長野選手の魅力は相反する要素を兼ね備えたところ」

長野選手を見ていると走攻守の3拍子とか、ミート力、パワー、走塁技術とスピード、守備力、送球力を持ったアメリカ的に言う5ツールプレイヤーとか、そういった選手としての才能とパフォーマンスに優れていることは疑う余地がありませんね。

しかも、それだけではない。

少し視点を変えて見ると、豪快さと繊細さ、自信と謙虚さ、強さと優しさ。相反する要素を兼ね備えたところが、彼の魅力を一層際立たせていると思います。

少々のボール球でも豪快にフルスイングをし、守備でミスをしても打撃で挽回する。

2011年シーズンの最終打席での代打逆転サヨナラ満塁ホームランは、自身のタイトルをのがすリスクを背負いながら、内海哲也投手の最多勝を手繰り寄せた。あの場面で打てる選手は、そうそうはいません。

振り返ってみると、入団直後からユニフォームを着た長野選手は常に自信に満ちあふれ、怖いものがないように見えました。三振しても堂々とベンチに帰る姿を見て、並のルーキーとは違うなと驚かされたことをよく覚えています。

2度のドラフト拒否の末の巨人入団という経緯によって、とくにアンチ巨人ファンの方々の厳しい目にもさらされましたが、そんな状況をものともせずに新人王を獲得。11年は2年目のジンクスも、投手有利と言われた統一球も、ものともせずにヒットを積み重ねて、首位打者に輝いた。

さぞかしふてぶてしいのだろう、と思われるかもしれませんが、ひとたびグラウンドを離れれば今どきの若者とは思えないほど謙虚で礼儀正しく、繊細すぎると思うほど気を配る。本人も楽しんでいるように見えるんですが、いつでも自分が楽しむことよりもまわりが楽しめているかどうかを気にかけているんです。

また、彼は他人より「努力した」「練習した」とは一切、口にしません。子どものときから練習量が豊富なチームに「ついていっただけ」だと話します。ですが、絶対にそれだけではないと思います。指導者からやらされる練習をしているだけではプロにはなれませんし、ましてやタイトルなど獲れるものではありません。認めないだけで、見えないところでは努力をしているはずです。

そんな長野選手にあえて注文をつけさせていただくなら、ほんの少しだけでいいからビッグマウスになってほしいですね。

11年までの長野選手はヒーローインタビューでも決して大きなことは言いませんでした。巨人の選手らしく紳士的で好感を持てますが、優等生すぎて物足りなく感じるファンもいたのではないでしょうか。

すでに日本を代表するスター選手なわけですから、仮に大きなことを言ってもみんな納得するはずです。

長野選手には彼自身の言葉でファンを喜ばせ、ファンの足を球場に向けさせてほしい。それができる、球界でも数少ない選手の1人だと私は考えています。

これからも3拍子、5ツールに勝負強さと人間力を加えた魅力で、ファンを魅了し続けていってくれることを期待しています。

第6章 求道

マジかよ！

あの瞬間は足が震えていました。

2011年シーズンの最終戦となった10月22日の横浜（現横浜DeNA）戦。1点を追う9回裏、無死満塁。打順はチームでも屈指の勝負強さを誇る矢野謙次さんでしたから、まさか代打として指名されるとは思っていませんでした。

これはなんとかしなければいけない。とにかく緊張しましたね。

覚えている方も多いと思いますが、この試合はすでにチームの順位が確定していたため、先発した（澤村）拓一《ひろかず》の投球回数200イニングクリアと、5回から登板した内海（哲也）さんの最多勝獲得に注目が集まっていました。

拓一は3回3分の1を投げて大台を突破したものの村田修一さんのソロ2発で2失点。4回裏を終えた時点で0対2のビハインドでした。それでも内海さんがマウンドに上がると、なんとか逆転しようとチームは一丸となりました。

なかなか得点できなかったものの、無失点の好投を続ける内海さんに応えるべく、阿部（慎之助）さんが8回裏にソロアーチ。そして9回裏、谷（佳知）さんが出塁すると、内海さんの代打で出た古城《ふるき》茂幸さんがヒット。（藤村）大介のバントがフィルダースチョイスを誘って、舞台が整いました。

「行くぞ」と言われたときは正直、マジかよと思いました。打席に立っても足がガクガクして止まらない。犠牲フライでも同点ですが、内野ゴロを打ってしまえば本塁併殺だってある――。

そんな迷いを断ち切って、相手ピッチャーの山口俊君を見据えました。

初球は低めに外れてボール。

2球目を投げる前に山口君がプレートを外しました。僕も打席を離れ、体と気持ちをほぐすためにバットを振る。

打席に戻って仕切り直しの2球目。山口君も力んでいて、ストレートは高めのボールに。足場をもう一度ならし、次の球を待ちました。

3球目。甘いコースに入ったストレートを強振。しかし、捕らえ損ねた打球は1

塁側のファウルグラウンド方向に上がってしまいました。

スタンドに入ってくれ！

打球を見送りながら念じました。打球はギリギリでフェンスを越えてファウル。一度、ネクストバッターズサークルに戻り、グリップに滑り止めを噴きかけながら気持ちを整えました。

大歓声が響き続ける中、4球目も高めに外れてカウント3－1。押し出しの可能性もありましたが、打てる球は行くと決めていました。

そして、5球目。見逃せばボールだったかもしれませんが、フルスイングしたバットから放たれた打球は一直線でライトスタンドへ。無意識のうちに右腕が上がっていました。

外野手が前に来ていたので、打った瞬間は越えたかなとは思いましたが、まさか入るとは思いもよりませんでした。巨人に入ってからはサヨナラホームランは初めてだったので忘れられない1本になるとは思いますが、緊張と興奮で手応えやまわりの盛り上がりについては、思い出せません。

内海さんが涙を流していましたが、頑張って頑張っていいピッチングをしながらも勝てないことが何度かあったからだと思います。17勝目も延長10回に代打で出た（高橋）由伸さんのサヨナラホームランでしたし、みんながなんとかしたいと思っていました。僕のホームランもみんなの気持ちが打たせてくれたんでしょうね。本当に少しではありますが、内海さんの最多勝獲得のお手伝いができて良かったです。

このホームランは結果的には首位打者をグッと引き寄せる一打にもなったのですが、そのことはまったく頭にありませんでした。

首位打者なんて最後まで獲れるとは考えていませんでしたし、本当にたまたまあって、運が良かったと思います。11年のパ・リーグ首位打者の内川聖一さん（福岡ソフトバンク）は3割3分8厘。10年のセ・リーグは、東京ヤクルトの青木宣親さん（現ミルウォーキー・ブリュワーズ）が、3割5分8厘で打率トップ。阪神タイガースの平野恵一さんは3割5分、マートン選手は3割4分9厘を打っても、首位打者になれなかった。それに対して11年の僕の打率は3割1分6厘。この数字で獲れたのですから、すごく運が良かったなと思います。

もちろん11年は、飛ばないとされる統一球が導入されて、バッターの成績は全般的に大きく落ちました。僕の1年間やってみての感想も「本当に飛ばなかった」です。そのことは守っていても感じました。今までは追いつけなかった打球でも、追いつけたり。落ちてくるスピードというか、やっぱりボールに勢いがない。とくにフェンス手前は失速するんです。それはすごく感じました。

僕の打球は外野手の手前にポトリと落ちるヒットばかりだったので、飛ばなくて良かったなと思います（笑）。

技術的に1年目からとくに変えたところはありませんが、ボールが飛ばなくなるということはシーズンが始まる前から予想していたので、それまで以上にバットを振る力をアップさせることが大事になると思っていました。

そこで取り入れたのが1・5kgのマスコットバット。そもそも打球を遠くに飛ばせるバッターではありませんが、インパクトのときに少しでもボールを押し込んで強い打球を打つ力は、そういう重たいバットを振ることによって身につくのかなと考えて実践した統一球対策でした。

ただし、バットを振ることで体を作るというやり方は、僕にとっては従来どおりのトレーニング法です。ウェイトトレーニングは基本的に行わず、バットやマスコットバットを振ることで体を磨いてきました。

ですから1・5kgのマスコットバットは急に取り入れたものではなく、これまでのやり方で負荷を大きくするという、延長線上のものでした。

バットは重さが10gでも違えばすぐにわかりますが、1・5kgというのはけっこう、重たい。ただ体を大きくするのではなく、バットを振るために必要な筋肉はバットを振りながらつけるというのが僕の根本的な考え方です。そのあたりはほかの選手と異なるところですね。

ほかの選手と違うということで言えば、打席での球の待ち方。

一般的にはいちばん速いストレートを待ちながら変化球に対応しますが、僕はゆるい球を待ちながらストレートを打つというスタイルです。小さいころから来た球を打つという形でしたけど、変わったのは大学生のとき。打席の立ち位置を変えたことと理由が似ていますが、ストレートを待っていて変化球が来たら打てそうな球はなんでもかんでも振ってしまう。逆にゆるい球を意識しながら、ストレートを少し詰まらされても内野手の後ろに落とすというイメージで打っています。

相手バッテリーのデータはスコアラーのみなさんに様々な状況の配球だったり、いろいろと教えてもらいながらやっています。

ただ初めて対戦するピッチャーには、データに加え、打席に立ったときの自分の感覚を大切にしています。あまり先入観が大きくなりすぎても良くないし、自分の目など、体で感じながらやっています。

首位打者よりも欲しかったもの

11年は、打率以外でもホームランは2本減の17本、打点は17点増の69打点、出塁率は3割3分から3割7分9厘。得点圏打率は2割6分3厘だったものが勇人に次ぐリーグ2位の3割4分4厘。ホームランも相対的に見れば悪くなったわけではないので、バッティング面は1年目よりもいい成績が残せたと思います。

1年間プロの世界を経験したことで相手をじっくり見ることができたり、少しまわりを見られるようになったりと余裕が持てた部分はありました。

でもいちばん大きかったのは守備。社会人からプロに入ったときには守備と走塁は通用すると思っていたんですけど、まったくダメでした。守っていても「飛んできたら、いやだな」と、思うこともありました。

大学、社会人と違ってナイターが多いですし、風の強い球場もある。1年目は守備でチームに迷惑をかけてしまっていました。

それで1年目のシーズンが終わって、秋季キャンプからずっと外野守備走塁コーチの大西崇之さんと守備練習を重ねました。バットを振ることより、まず守備でした。おかげで打球が飛んできてもいやだなとは思わなくなりましたし、不安がなくなったことでバッティングに集中できるようになりました。

もちろん完璧かと言われたらまだまだへたくそなので、もっともっと練習する必要があります。ゴールデングラブもいただきましたが、エラーも3つしている。オールスターも入れたら4つ。ヤクルトの青木さんとお見合いしてしまったんですよね。エラーはゼロにしたいです。

でも、ゴールデングラブ受賞は本当にうれしかった。

首位打者とベストナインとゴールデングラブと3つの賞をいただきましたが、いちばんうれしかったのはゴールデングラブ。シーズンが始まる前から「1試合でも多く試合に出て、ゴールデングラブを獲る」というのが大西さんとの目標でしたから。本当に毎日、毎日、大西さんにノックを打ってもらってすごく感謝しています。

チームの中にお手本となる選手がいっぱいいますし、大西さんにうまくなったなと言ってもらえるようにもっと頑張りたいです。

4

守備だけでなくバッティングもまだまだ課題ばかりです。ですから7月14日の阪神戦で4番を任されたときも最初は冗談かと思いました。絶対、からかわれているんだろうなって。

試合前に岡崎郁ヘッドコーチが、手の指で4を作って僕に見せたんです。「エッ?」と思って「セカンドですか?」って聞いたら、「4番だ」って。

ラミちゃんが足をケガして、4番としての連続出場が途絶える試合だったのですが、僕はラミちゃんが出るものだと思っていました。だから、そこでは笑って「そうですか」みたいな感じで返事をしました。冗談とは思いつつも気になって、いちおういろいろなコーチの方に聞いて回ると、みなさん「4番だよ」と。それでも最後まで本当なのかなという感じでした。


「読売ジャイアンツ第75代4番」

ほかのチームでは「第何代」という言い方はしませんよね。総理大臣と横綱と巨人の4番くらい。

本当にありがたいことでしたが、さすがにプレッシャーを感じました。

「4番、センター、長野」

最初の打席に向かうときは、正直、アナウンスに聞き入ってしまいました。4番って言われているよ、みたいな。

1打席目はフワフワした感じでしたね。結果もピッチャーゴロ。でも、それ以降の打席ではあまり意識せずにいつもどおりに立てました。4打数1安打だったものの、2打席目はレフトオーバーのタイムリー2ベース。1本打てて良かったです。

でも、9番のゴンちゃん（ゴンザレス）から前を打つサブローさん（現千葉ロッテ）まで4連打。いい流れでつないでくれていて、僕もそれに乗っかって打てたという感じなのでサブローさんのおかげです。

そこから7月いっぱいと、9月に3試合、4番を打たせていただきましたが、仮に僕が打たなくても阿部さんや由伸さんや小笠原（道大）さんが後ろの打順に控えていましたから、とにかくつないでいくという考えでした。

僕の中では4番という打順はほかの打順とは違うと思っています。ドッシリしていないといけないと思いますし、やっぱり大変ですね。実際、ほかの打順で出場したときと比べると成績は芳しいものではありませんでした。

もともと僕はチョロチョロしたいタイプですし、4番を打ちたいというようなこだわりは持っていません。6番でも7番でもジャイアンツの打線なら打点を稼げますから、どの打順でもしっかりチームのために打てればいいのかなと。

今は4番が務まるレベルではありませんが、打つ、打たないは別として候補として名前が挙がるくらいの実力を身につけたいとは思っています。

もっと、もっと

よく身体能力が高いと言われますが、そんなふうに考えたこともなければ、実感したこともありません。

足と肩に関しては大学4年生のときがいちばん良かったと思います。そのころはもう少し体が細かったので。今は肉がついてしまって動けなくなっています。長いシーズンを戦い抜くために必要な部分でもあるのですが、もっと走らないといけないですね。

人より優れているどころか、むしろほかの選手と比べて能力が劣っていると感じています。とくに下半身は弱いですね。

ジャイアンツでは高さ40cmくらいの木製のボックスに軸足1本で立って、早く地面に着かないように下半身の力で粘りながらゆっくりバッティング時の体重移動をするという練習をよくやるんです。

ほかの選手はしっかり軸を作っているのに、僕はすぐフラフラしてしまう。打席の中でも足を上げたときによくフラフラしちゃうので、そのあたりはさらに強化していかなければいけないと思っています。

これまでもまわりに比べたら練習量は足りていなかったんですが、不思議なことに中学生や高校生のころも「あいつは陰で練習をやっていたはずだ」とよく言われてきました。

最近でも何かの機会に拓一が「絶対、長野さんは陰でやっている。そうでなければ、ああいう結果は生まれない。それが僕たちの世界です」と話していたと聞かされました。

しかし、学生のときはチームの練習についていくだけでつらくて家に帰ってバットを振ったり、走ったりということはできませんでしたし、ジャイアンツでもみなさん、僕なんかより全然、練習をされている。

拓一は僕をヨイショしてくれているんでしょうね。拓一なんて見ていてもすごく練習しますからね。練習できるというのは素晴らしい才能だと思います。

僕はその才能が足りない。当然、チームの練習はしっかりやっていますが、そのほかの部分で胸を張って言えるほど練習しているとは思っていません。もっと頑張らないといけないと感じています。


また、僕は失敗も多いので、ミスをしたあとに取り返してヒーローになっているというイメージがあるとも言われます。

そういう気持ちはどの選手も持っていると思いますが、とくに野手は守備でダメだったらバッティング、バッティングでダメなら守備と、取り返すチャンスが多い。

好走塁でチームに貢献できることだってありますよね。

そういう意味ではピッチャーより気持ちの面で楽というか、次のことを考えやすいのかもしれません。ミスをしたらいつもどんな形でもいいから取り返したいとは強く思っています。

でも、やっぱりミスをすればヘコみますよ。やっちゃったなって。

プロ野球は次の日も、その次の日もずっと続くので引きずるわけにはいきませんが、気持ちを切り替えるのは容易ではありません。

守っているときでも、ミスしたことをどうしても考えてしまう。まわりにはわからないようにはしているつもりですが、一緒に外野を守っていたサブローさんにはいつも見抜かれていました。

センターはライトとレフトの両サイドを見て守備位置の確認などをするのですが、カリカリしているときの僕は全然、見なくなってしまうそうなんです。

自分ではそのことに気づいていないんですが、そのたびにサブローさんは、「熱くなりすぎるなよ」って、ひと声かけてくれました。

そうすると、そこでスッと冷静に戻れました。サブローさんにはよく助けていただきました。

ミスは余計なことですが、勝負強いバッターではありたい。数字として僕が追い求めているのは、打点と得点圏打率。打率やホームランは、まったく気にしていません。

ホームランも直接、得点につながるものですが、全体の中で占める割合は決して多くはありません。より得点に絡む確率が高い数字を意識にしています。

あとはチームバッティングだったり、自己犠牲というか、そういうこともできないといけない。ランナーがいるときはしっかり後ろにつないでいって、それでランナーが還ってくればいい。ランナーがいないときは僕がなんでもいいので塁に出てチャンスメイクする。出塁率ですよね。

打点、得点圏打率、出塁率。この3つを重要視しています。

あとは、自分1人で決まってくるものではありませんが、得点。判断ミスをしない、相手の隙を見逃さないなど、先の塁を狙う走塁は常に心がけています。

ただし、今、挙げたような部門でトップになりたいという気持ちはありません。

望むものはただ1つ、優勝です。

チームが優勝して、日本一になるのがいちばんの目標。

個人のタイトルとかは、全然、気になりません。チームが勝つことに貢献できて、なおかつ自分がいい成績だったら、それに越したことはありません。チームの優勝が最優先です。

入団して2年間は果たせていませんが、今年こそはなにがなんでも頂点に立ちます!!

あとがき

２０１２年３月10日に行われた東日本大震災復興支援試合である台湾代表戦において、約２年半ぶりに日の丸のユニフォームを身にまといました。これまでと同じように日本を代表する重みを感じるとともに、この試合では新たな２つの感情が僕を大きく支配していました。

１つは被災地の方々にほんの少しでもいいから力を与えられるプレーをしたいという想い。それはこれからも持ち続けなければいけないことだと、改めて胸に刻みました。

また、この試合は13年の第３回ＷＢＣへとつながる第一歩でもありました。国際大会は得るものも大きいですし、本大会ではアマチュア時代に対戦したプライスがアメリカ代表、チャップマンがキューバ代表として出場してくる可能性もあり、再戦の機会があるかもしれません。プライスは当時よりすごくなっていますし、チャップマンにはリベンジしたい。僕もそのときに選ばれるような選手でいたいという思いが、もう1つです。

世の中に強い影響力を持つプロ野球選手だからこそできることがたくさんあることを自覚しながら、もっともっとうまくなれる自分の可能性を信じて、これからも頑張っていきます。今後とも温かいご声援をよろしくお願いします。

最後になりましたが、本書の出版にあたっては、たくさんの方々のお力を賜りました。取材のために練習の前後にもかかわらず時間を割いてくださった阿部さん、山口さん、勇人、大介、そして広報部の堀田一郎さん、上野裕平さん、仕事の合間を縫ってくださった節丸裕一さん。お忙しいなか尽力していただいた読売巨人軍、廣済堂出版の関係者の方々をはじめ、本書に関わっていただいたすべての方々に心より御礼を申し上げます。

２０１２年４月

長野久義

HISAYOSHI CHONO

	盗塁	盗塁死	犠打	犠飛	四球	死球	三振	併殺打	打率	出塁率	長打率
	12	4	2	0	25(4)	2	72	10	.288⑳	.330	.491
	19	8	3	2	48(5)	6	85	11	.316①	.379	.468
	31	12	5	2	73(9)	8	157	21	.303	.358	.478

〈タイトル〉

・首位打者:1回(2011)

〈表彰〉

・新人王(2010)
・ベストナイン:1回(2011)
・ゴールデングラブ賞:1回(2011)
・日本プロスポーツ大賞最高新人賞(2010)
・報知プロスポーツ大賞フレッシュ賞(2010)
・東京ドームMVP特別賞:1回(2010)
・スカパー!ドラマティック・サヨナラ賞:1回(2011)

〈個人記録〉

・初出場　2010年3月26日、対東京ヤクルト1回戦(東京ドーム)、9回表にレフトで途中出場
・初安打　2010年3月27日、対東京ヤクルト2回戦(東京ドーム)、9回裏に李恵践《イ・ヘチョン》からセンター前ヒット
・初先発出場　2010年3月28日、対東京ヤクルト3回戦(東京ドーム)、2番・センターで先発出場
・初盗塁　2010年3月31日、対横浜2回戦(横浜スタジアム)、9回表に二盗
・初打点　2010年4月1日、対横浜3回戦(横浜スタジアム)、8回表に加藤康介からレフト線へタイムリー二塁打
・初本塁打　2010年4月4日、対広島3回戦(MAZDA Zoom-Zoom スタジアム広島)、4回表に小松剛から2ラン
・オールスターゲーム出場　1回(2011年)

Results 年度別成績ほか

◉長野久義 年度別打撃成績（一軍） ※丸囲み内は順位。カッコ内は敬遠

年度	チーム	試合	打席	打数	得点	安打	二塁打	三塁打	本塁打	塁打	打点
2010	巨人	128	459	430	66	124	24	3	19	211	52
2011	巨人	140	578	519	58	164	20	4	17	243	69
通算		268	1037	949	124	288	44	7	36	454	121

◉年度別守備成績（一軍）：外野手

年度	チーム	試合	刺殺	補殺	失策	併殺	守備率
2010	巨人	121	211	3	5	0	.977
2011	巨人	139	262	6	3	1	.989
通算		260	473	9	8	1	.984

#7

HISAYOSHI CHONO

長野久義
メッセージBOOK
―信じる力―

HISAYOSHI CHONO MESSAGE BOOK

2012年5月1日　第1版第1刷
2013年3月1日　第1版第3刷

著者……………………長野久義

協力……………………株式会社 読売巨人軍
企画プロデュース………寺崎敦(株式会社 no.1)
取材協力………………節丸裕一
構成……………………鷲崎文彦
撮影……………………今井隼人
写真提供………………株式会社 読売巨人軍(P38、P59)
ブックデザイン…………坂野公一(welle design)
DTP……………………株式会社 三協美術
撮影協力………………卯の刻
編集協力………………根本明　松本恵
編集……………………岩崎隆宏(廣済堂出版)

発行者…………………清田順稔
発行所…………………株式会社 廣済堂出版
〒104-0061 東京都中央区銀座3-7-6
電話　編集 03-6703-0964／販売 03-6703-0962
FAX　販売 03-6703-0963
振替　00180-0-164137
URL　http://www.kosaido-pub.co.jp
印刷所・製本所…………株式会社 廣済堂

ISBN978-4-331-51628-7 C0075